本书得到广州大数据与公共传播研究基地项目（2018—2020）、
国家高端智库中山大学粤港澳发展研究院认领课题资助

中国应用新闻传播
十大创新案例（第六辑）

主　编／张志安　陶建杰

南方日报出版社
NANFANG DAILY PRESS
中国·广州

图书在版编目（CIP）数据

中国应用新闻传播十大创新案例. 第六辑 / 张志安，陶建杰主编. --广州：南方日报出版社，2023.12
ISBN 978-7-5491-2750-4

Ⅰ.①中… Ⅱ.①张… ②陶… Ⅲ.①新闻学—传播学—案例—中国 Ⅳ.①G219.2

中国国家版本馆 CIP 数据核字（2023）第 197067 号

ZHONGGUO YINGYONG XINWEN CHUANBO SHIDA CHUANGXIN ANLI (DI-LIU JI)
中国应用新闻传播十大创新案例（第六辑）

主　　编：张志安　陶建杰
出版发行：南方日报出版社
地　　址：广州市广州大道中 289 号
出 版 人：周山丹
出版统筹：刘志一
责任编辑：郭海珊
装帧设计：邓晓童
责任技编：王　兰
责任校对：朱晓娟
经　　销：全国新华书店
印　　刷：广州市尚铭印刷股份有限公司
开　　本：787mm×1092mm　1/16
印　　张：9.25
字　　数：123 千字
版　　次：2023 年 12 月第 1 版
印　　次：2023 年 12 月第 1 次印刷
定　　价：38.00 元

投稿热线：（020）87360640　　读者热线：（020）87363865

代序 Preface

生活在媒介中：新闻实务与媒体运营的深层变革

——2022年度中国应用新闻传播十大创新案例分析

张志安

秉持专业、开放、公共价值的标准，中国新闻史学会应用新闻传播学专业委员会连续7年发布媒体创新案例。2022年度入选的中国应用新闻传播十大创新案例包括“浙江宣传”微信公众号、中央广播电视总台央视频冬奥会报道、中央广播电视总台“中国之声”、深圳广播电影电视集团、江苏省广播电视总台（集团）“荔直播”、银川市新闻传媒中心、“深圳卫健委”微信公众号、哔哩哔哩（B站）、健闻咨询（曾为“八点健闻”）和“正面连接”微信公众号。

与往年的遴选标准相似，2022年入选的十大创新案例在专业性、创新性的基础上，保持着开放性，既有中央广播电视总台、省级广电、市级融媒等专业媒体，也有不同类型的微信公众号、B站等机构媒体和平台媒体。案例发布时，“浙江宣传”微信公众号的入选引起广泛关注，这一宣传部直接下场做公众号的应用新闻实践，打造出政务传播领域“宣传战线第一公众号”，也给主流媒体的舆论引导能力“施压”[①]。作为唯一聚焦新闻实务研究的国家二级分会，中国新闻史学会应用新闻传播专委会始终致力于搭建学界和业界在“应用”上的交汇点，每年遴选的十大创新案例既给业界探索提供启示，也给学界研究贡献素材，有心者还可从中洞察传媒业态的前沿和趋势。

总结过去一年的应用新闻传播十大创新案例，至少可以从四个方面折射出媒体深度融合进程中的实践创新：重大报道热点化、视觉传播移动化、用户思维平台化、原创报道深度化。如果要找一根红线串起这四个方面的变化，大概是处于“生活在媒介中”的语境下新闻实务和媒体运营的变革。媒介革命带来的传播业态迭代，在传统主流媒体占主导的时代，可谓“生活中有媒介”，这里的媒介是大众媒体，往往占据权威信息发布和社会影响力的金字塔顶端；而进入移动互联网时代，超级数字平台成为公共沟通的基础设施，人群大规模同时在线、实时交互成为常态，移动化、碎片化的信息接触成为生活方式，于是进入“生活在媒介中”；伴随5G、元宇宙乃至大模型等生成式人工智能技术的出现，万物皆媒、沉浸交互、人机共生的“媒介即生活”时代即将到来。

应用传播领域的实践变化，总是需要回应传播业态的结构性转变。“生活在媒介中”，意味着公众的信息接触呈现典型的“平台摇摆”特征，即随时随地在不同类型的超级App或数字平台之间切换使用，这意味着移动化、碎片化的信息接触成为媒介使用的典型场景，意味着公众对重大信息传播的速度要求很多时候要超越对内容深度的期待，也意味着算法推荐重新塑造着内容把关和分发机制、媒体对流量和数据的崇拜必然有所增强、传播内容商业化和传播模式情感化的特征会更加显著。过去一年来，中国应用新闻传播领域的创新案例和实践变化，从不同侧面和维度真实回应着“生活在媒介中”这一传播业态的深刻影响。

---

① 魏园．火了一整年，媒体应向“浙江宣传”学什么？[EB/OL]．（2023-05-29）[2023-10-10]. https://mp.weixin.qq.com/s/fm Qa FzJhn QHtr8F67EQlTA.

重大热点传播：追求形态创新，敢于发声引导

“生活在媒介中”，这里的媒介，主要是社交网络和数字平台建构的深度媒介化社会，各类资讯经由社会化生产而大规模涌现，并即时地分发以满足受众的个性化需求，公众获取信息的注意力被大量分散。媒体要真正抢夺公众稀缺的注意力，往往无法在各个时刻、所有环节中始终保持独家领先优势，因而必须在重大关键时刻和热点事件发生时有所作为、敢于和善于作为。

重大体育赛事的报道如何推陈出新？新技术的运用使主流媒体在融合表达、形态创新、叙事策略、传播场景等方面有诸多创新。中央广播电视总台央视频的冬奥会报道，凭借8K（指分辨率，数字视频标准）、VR（虚拟现实）、AI（人工智能）等先进技术在北京冬奥会中的运用，快速提升客户端的影响力，相关报道全网总播放量为31.82亿人次，App累计下载量突破4亿，累计激活用户数超1.4亿。这一方面是运用先进技术实现沉浸式传播。央视频首次启用8K清晰度直播奥运赛事，与PICO（扩展现实方面的品牌）合作，用户可安装VR头戴设备的央视频VR应用或打开央视频客户端内的VR互动H5产品，全景沉浸式观赛，自由选择观看视角。这次的“8K+VR沉浸式观赛”点击量超7874万次，单日最高点击超过900万次。另一方面是实现了重大赛事报道智能生产的常态化。冬奥会期间，AI智能剪辑系统共生产视频192条，播放量超1550万次。以谷爱凌夺得首枚自由式滑雪女子大跳台金牌时的报道为例，AI剪辑系统对她三次跳跃的完整动作、慢动作、宣布得分等实现一分钟自动剪辑发布，让用户第一时间精细领略运动员的夺冠风采，该条短视频播放量近900万次。

关于新闻报道的重大热点，一般有两种类型：其一是重大热点事件，其二是重大热点话题或现象，前者是动态发生的，后者主要是网络上或社会上普遍关注的。重大热点的传播，除了投入重磅资源、追求形态创新之外，敢于及时介入、发声引导，也往往是赢得公众注意力的有效方式。由浙江省委宣传部创办的“浙江宣传”微信公众号，善于也敢于关注一些重大热点事件和热点话题，在“说人话、切热点、有态度”的传播过程中，实现了舆论引导和流量争夺的平衡关系。敢于发声，就不要回避热点，特别是全社会关注的焦点。善于发声，则需要掌握分寸，不绕弯子、不卖关

子、切中肯綮、表达态度。这种热点传播的意识，体现在一些高流量的评论文章中，比如《嘲讽“小镇做题家”是一个危险信号》，道出了出身底层、辛苦打拼的普通人的内心情感，也呼吁社会给平凡人的努力以基本的尊重；《历史不会浓缩于一个晚上》，抓住广大网民群体关注和纠结的重大时刻，发出冷静的声音——“佩洛西窜访是一颗‘棋子’，中美大国博弈是一盘‘棋局’。中国既不会落入圈套成为棋子，也不会为了一颗棋子掀翻整个棋盘。”

坚持移动优先：小屏反哺大屏，直播常态应用

移动化传播、碎片化接触、视觉化生产，是“生活在媒介中”的受众越来越习惯的信息获取方式，也是媒体贯彻移动优先战略、面向移动用户需求作出的实践变革。

深圳常住人口的平均年龄仅32.5岁，扎根这座城市的深圳广电集团比一般省市级媒体更有底气，也更有基础贯彻移动优先原则，以小屏反哺大屏，重构新闻生产流程和移动传播战略，逐步形成“可触、可感、可及”的传播能力。以2022年3月的抗疫报道为例，深圳广电集团打通卫视、新闻、融媒体、广播四大中心的资源，突破原编制，组建“混成旅”，面向社交网络和移动场景推出系列融媒体大直播《深圳慢生活在一起》和《你好星期一》，相关报道连续8天播出，内容涵盖信息发布、新闻专题、实时连线、路况播报、城市慢直播等，全网观看量近2000万，话题总阅读量近8000万。同时，成立短视频生产“突击队”，将“1分钟短视频”创作传播作为最重要的发力点，20天内生产原创短视频近800条，全网阅读量突破10亿次。在新一轮深化改革中，深圳广电集团组建全新的融媒体中心，负责都市频道、“壹深圳”客户端和民生栏目《第一现场》等全媒体矩阵的协同运营，构建移动优先的一体化发展体系。

江苏广播电台“荔直播”，则在把握报道选题的新闻性、权威性、贴近性的基础上，以直播报道为枢纽，实现常态化、全方位的移动分发，并且注重实施直播报道的平台化战略。其“大时段直播”兼采众长，对某一重大主题在一个特定时间段内集束式展开，不仅有第一现场直播，呈现特定事件的特定现场，更有新闻背景的链接和深度挖掘，由此触达事件背后

的多重现场。通过打造“荔直播”这一主品牌，江苏广播电台运用项目化运作方式推出一系列有影响力的宣传子品牌，比如，省政府发布会、名医问诊、“我为你而来”等系列。此外，还通过系列标题、特定海报样式等形式，使得直播报道的子品牌具备一定的识别特征，由此增强网民分类关注、分众传播的影响力。“荔直播”这种常态化、品牌化的直播实践，充分体现了移动优先的内容生产和业务运营思路。

贯彻移动优先的传播策略，前台是内容生产的轻量化、智能化和视觉化，后台则是媒体组织的流程再造和文化更新。以银川市新闻传媒中心为例，其新闻生产从全媒体采集到全媒体生产、全媒体发布，始终贯彻由快到深的移动化进程：从平台来看，先是微博、微信、抖音、客户端，然后是网站、广播，最后到电视、报纸。全媒体融合传播格局实现一次采集、多种生成、多元传播，主要包括三个模块：其一，全媒体采集，包括收集研判、指挥调度、加工分发等过程；其二，全媒体发布，包括电视、报纸、广播、客户端、微博、微信、抖音、视频号、头条号等；其三，全媒体产品，包括文字、图片、视频、航拍、VR、海报、动漫、H5等不同类型产品。

适配平台逻辑：强化用户意识，把握流量价值

总体上，当下的网络传播逐步以超级互联网平台为核心枢纽，报纸、广播、电视等传统渠道的发行量或收视率都显著下降，媒体移动优先的流程重构实际上解决的是“内容原创+平台分发”的关系重构问题。不管是专业媒体、机构媒体还是自媒体，平台社会语境中的内容生产和数字新闻业都无法回避专业逻辑和平台逻辑的博弈、交织和竞争问题。

强化平台思维、适配平台逻辑，必须重视受众分类和精准传播，必须遵循和把握平台的算法逻辑和运作规律，同时又必须克服流量焦虑、标题党效应和对传播数据的简单崇拜。这方面，作为政务机构媒体的“深圳卫建委”微信公众号，在垂直类内容生产、青年用户服务、掌握流量密码方面取得了显著成效。其于2015年9月开号，截至2022年，“深圳卫健委”微信公众号粉丝已达1800万，篇均阅读量为30万+，疫情期间篇均阅读量为100万+，单篇阅读量最高为1000万+。这个微信公众号坚持“懂人心、

说人话、做潮人”，有效解决了群众满意和领导满意的关系问题，把群众满意放在首位，而非只关注领导满意。所谓“懂人心”，就是要提供用户需要的东西，如政策解读、医学科普、民生回应；所谓“说人话”，就是要把医学知识说清楚、说通俗，用大妈话、网络语、神配图；所谓“做潮人”，就是要善于在互联网里冲浪，做短视频、灯光秀、脱口秀，还要会生产医疗剧。正如深圳卫健委宣传处处长王岭所说，做产品的时候不要做得很悬浮、空洞、形式化，不能做得“自嗨”，不要有“爹味”，要更多地和年轻人共情，要坚持以人为本，不搞“假大空”，要传导正确的价值观。

从强化用户意识、把握流量价值的角度，互联网平台企业具有天然的数据优势、定位特色和运营经验。发端于二次元文化的青年网络社区哔哩哔哩（B站），近年来通过主流化转型，已成为最具影响力的青年数字平台。平台企业如何真正懂得用户、尊重用户，为用户创造价值？调研显示，B站在中国985与211大学的渗透率达到82%，成为“Z世代”学生通过视频学习知识的新渠道，也是教师传道解惑的新途径。2018年，B站直播学习时长达146万小时，有近103万次学习类直播开播。2019年，B站学习类UP主（上传者）数量同比增长151%，相关视频播放量同比增长274%。2020年，超过1亿人在B站观看学习内容。据介绍，B站从平台自身属性出发，通过动画、视频、小游戏等年轻人喜闻乐见的数字媒介形式，发动海内外UP主和网民创作大量原创内容，在助力青年一代学习、生活、消费的过程中，推动中国文化“破圈”传播。

原创深度报道：建设性舆论监督，随机新闻行动

主流媒体的舆论监督报道近年来呈现整体衰落的态势，其原因主要有三：其一，主流媒体面临互联网冲击，融合转型过程中尚未找到可持续发展的商业模式，因而大量压缩原创新闻特别是奔赴重大事件现场做报道的采编成本，导致原创深度报道被压缩。其二，异地监督的政策限制和空间压缩，使得地方媒体的舆论监督大幅减少，只有少数央媒、财新传媒和一些新闻客户端坚持做负面题材的批评报道。其三，尽管正面宣传与舆论监督是媒体职能的一体两面，但实际上，舆论监督容易产生网络热点，导致一些部门形象维护和意识形态压力过大。由于缺乏根本性的制度保障，舆

论监督报道的困难可想而知。

在这种背景下，中央广播电视总台“中国之声”的坚持显得尤为可贵。“中国之声”品牌栏目《新闻纵横》，早在1994年创办时就定位于舆论监督，如今依然坚持做原创性深度报道和建设性舆论监督。如报道《多地清洁取暖被指“一刀切”：禁柴封灶致部分群众挨冻》，以河北秦皇岛山海关古城存在的“一刀切”问题为切入口，关注老百姓的取暖问题；报道《神秘“曹园”》披露了黑龙江牡丹江国有林区内暗藏大规模违建、毁林千亩削山挖湖建私人庄园一事。此外，对江苏南京秦淮河大堤被挖空建高档餐厅一事，报道播出当天，责任单位就派人自行拆除违规建筑，还引起中纪委、水利部等部委重视，最终有9名相关责任人被问责。据介绍，《新闻纵横》的选题注重在国家政策落地的“最后一公里”挖掘新闻富矿，追焦点、问民生，以推动国家重大战略决策、各项惠民利民政策落到实处。这种建设性舆论监督的思路和定位，既符合中央主流媒体的定位和价值观，也符合当下舆论环境和政策空间中的操作边界。

作为关注医疗改革和健康领域的垂直类机构媒体，健闻咨询进入市场时，行业内已经有不少深耕多年的同行媒体，如丁香园、医学界、赛柏蓝、医药经理人。如何做出自己的特色？医疗健康作为一个垂直领域，又可以细分为医保、医药和医疗三个板块，每个板块又是更垂直、更细分的领域，各有一套运行逻辑。健闻咨询给出的答案是“跨界”，不仅关注医改进程和“三医”（医疗、医保、医药）领域发生的重大事件，也致力于阐明它们如何影响公众健康。从内容品质的角度看，其对原创深度报道和文章的把关，更接近传统媒体的专业标准，仍然注重抵达现场，强调与当事人面对面地采访、感受和观察，写出扎实、有洞察性的故事。不过，由于原创新闻报道的采编主要授权在主流专业媒体，垂直类机构媒体在进行原创深度报道的过程中，如果把握不好政策边界，就会遭遇运营风险。这也是当下机构媒体以“自媒体”姿态运营的过程中面临的最大不确定性。

“正面连接”微信公众号专注深度报道，主要发表两类文章。第一类是带有传统调查报道色彩的内容，比如俄乌冲突、东航坠机、上海疫情等年度大事。以俄乌冲突为例，他们找到乌克兰几家动物园，做了一份乌克兰动物死亡的名单，尝试通过动物的死亡呈现战争中人的处境。第二类则更偏向特稿和非虚构报道，主要呈现日常生活中人们容易忽视的东西，比如《和衡水中学在一起的2557天》和《40%：“毫不重要”的中职世界》。据统计，15—18岁的青少年中，40%都去了中职就读，近15年的入学总人数超过1亿，但这个学习群体的社会关注并不高。笔者曾撰文分析这种垂直类机构媒体的“随机新闻行动”①，虽然其深度报道未必具有可持续性，但针对特定议题、事件和现象的深度阐释，往往可以增进公众对复杂社会的认知，也是当下新闻环境下具有重要意义的深度报道乃至舆论监督的“替代性实践”。

不管是主流媒体的舆论监督报道，还是机构媒体的随机新闻行动，都是在碎片化、移动化传播时代，体现专业精神、追求内容品质的新闻实践，在原创深度报道比较稀缺、“后真相”时代和新闻反转频发的传播语境中更值得尊重和肯定。

“生活在媒介中”对媒体应用传播实践的启示

上述针对2022年中国应用新闻传播十大创新案例的分析，可以给“生活在媒介中”的主流媒体带来诸多积极启示，这些启示既有隐忧和焦虑，更有责任和动力。

其一，反思权威性。从“生活中有媒介”到“生活在媒介中”，主流专业媒体的权威性受到挑战，多数媒体都面临影响力边缘化的风险和压力，为此，要对传播业态的结构性变迁、传播权力的整体性位移有深刻感知和清醒判断。身处“液态”的新闻业②和新新闻生态系统中，专业媒体未必总处于传播生态的中心位置，甚至多数时候传播权力掌握在互联网平台的流量密码和算法把关中。反思权威性的变化、把握中心和边缘的流动关系，可以让专业媒体保持对传媒生态的冷静审视，避免继续沉浸在传统

① 张志安，王惠玲. 机构媒体、随机新闻行动与新闻业的角色流动［J］. 新闻与写作，2019（5）：64-73.

② 陆晔，周睿鸣. “液态”的新闻业：新传播形态与新闻专业主义再思考：以澎湃新闻“东方之星”长江沉船事故报道为个案［J］，新闻与传播研究，2016（7）：24-46.

惯习带来的优越感中，从而以更加谦逊、自觉的姿态去探索、创新和重塑权威。

其二，坚守专业性。面对纷繁复杂的舆论生态和日益增强的流量诱惑，媒体在移动化、碎片化、智能化的内容生产过程中，难免受到互联网平台逻辑的制约和影响，特别是过度追求“爆款”内容的海量用户触达，容易使媒体降低甚至抛弃对专业价值和原则的坚守。越是浮躁、越是不确定的传播环境，越需要媒体发挥原创深度报道的功能、坚持真实和核实的底线原则。坚守专业性，是专业媒体生存和发展的基石，也是其真正有别于机构媒体、自媒体和互联网平台的关键。

其三，强化主动性。应用新闻传播的实践创新，几乎都离不开媒体管理者或主创者的能动性，都离不开政治、经济等多重因素影响下的主动性，都离不开坚持用户思维、应用技术前沿的敏锐性。主动拥抱传播业态的变革趋势，主动投身媒体实务的改革前沿，主动探索应用传播的创新实践，方能在困境中找到新路，在迷惘中拨云见日。

（作者为复旦大学新闻学院教授、博士生导师，复旦大学全球传播全媒体研究院副院长，复旦大学传播与国家治理研究中心主任，中国新闻史学会应用新闻传播专委会理事长、舆论学专委会副理事长）

目录

CONTENTS

01 “浙江宣传”微信公众号

2022年9月6日，由浙江省委宣传部打造的微信公众号“浙江宣传”正式满百日。从无到有，“浙江宣传”微信公众号共发布了209篇文章，其中，116篇文章的阅读量均有10万+。100天，“浙江宣传”微信公众号用普通人视角平视现实，《嘲讽“小镇做题家”是一个危险信号》《历史不会浓缩于一个晚上》等文章在移动端热传，引发众多读者共鸣。100天，“浙江宣传”始终坚持“9个字”：说人话，切热点，有态度。说人话，就是开门见山、直截了当，不搞长篇大论、不做官样文章，尽量不说“正确的废话”；切热点，就是直面热点、解剖难点，不回避问题、不避重就轻，在互联网海量信息中聚拢目光；有态度，就是立场鲜明、亮出观点，第一时间发出理性声音、产生共情共鸣。“浙江宣传”微信公众号打造了2022年度政务传播领域“宣传战线第一公众号”的发展速度。

演讲实录

说人话，切热点，有态度

“浙江宣传”微信公众号（以下简称“浙江宣传”）能入选2022年中国应用新闻传播十大创新案例，我们感到十分荣幸。今天来这里演讲，我感到十分忐忑，因为我是读在座各位老师的专业书过完大学生活的。今年是我毕业的第四年，毕业后没有混得很好，有点不敢见大学老师，但见到老师后又感到十分亲切。我知道，不管我们做得怎么样，老师都会给我们很多指导，帮助我们成长。

这是省级宣传部门直接到移动互联网主战场开展宣传工作、进行舆论引导的一个公众号。这个公众号非常年轻，2022年5月30日才正式上线。我们的编辑部是一个非常年轻的团队，都是“90后”，只有5个人。今天，我主要介绍以下三部分内容。

“浙江宣传”是什么

上线第一天，我们推送了一篇文章《我们来了》，共500多字，开门见山地说明我们为什么办这个公众号、怎样办这个公众号、有什么愿景，表达了我们对新闻宣传工作的思考。

为什么办这个公众号？从外部环境来看，移动互联网蓬勃发展，各种自媒体都要发出自己的声音。现在是“人人都有麦克风”的时代，这导致对于报纸上的很多文章和电视上的报道，老百姓不愿意看。从自身需求来看，我们需要多发声、多参与，多展示浙江形象，以移动互联网思维带动宣传战线识变、应变、求变。

怎么办这个公众号？微信公众号已经诞生十多年，说实话，红利期已经过去了。我们也有过犹豫，但最终选择回到最初的起点，努力做有品质、有温度的内容，注重读者的感受和体验。我们的主要内容就是解读全省宣传思想工作，同时分析中央和省委的决策部署，阐释浙江的改革发展。

我们有什么愿景？这里有两个关键态度。第一，敢于发声，不回避热点。问题是时代的声音，人心是最大的政治。我们这么大一个国家，有14亿多人口，总有各式各样热点发生，需要深刻把握"两个大局"的时代背景。置身于"用指尖投票"的舆论环境，流量已成为重要的民心指数。当社会问题显现，回避是"鸵鸟心态"在作祟。当热点关切爆发，沉默终将令读者失望。第二，善于发声，尽量以通俗易懂的方式发表我们的观点，不绕弯子，不卖关子。怎样做到善于发声？这就考验我们的能力和水平了。我们希望通过这个公众号，让读者更多地了解我们的工作，更深入地读懂浙江，带动全省宣传战线更好地扛起使命担当。

我们的文章主要分为几类，包括宣传工作、理论解读、人文意识、社会热点等。编辑部还策划推出多个原创性栏目。比如，我们着重去做的栏目《学习在浙里》，主要解读习近平新时代中国特色社会主义思想。我们发现，理论文章不管是发表在报纸上还是电视上，都有很多读者看不懂。所以，我们尽量做好理论阐释的通俗化，这样每篇文章的阅读量都是10万+。我们的《如果马克思与孔子交谈》一文就巧妙解读了习近平总书记提出的"两个结合"。再比如，《浙江风物志》栏目主要介绍浙江各地人文历史、山川风物，充分展示"诗画江南，活力浙江"的丰富内涵和深厚底蕴。该栏目的每篇文章都在朋友圈被热转，阅读量均是10万+。

公众号上线以来，我们靠几篇爆款文章做到了"出圈"，赢得了广大网友的好评，比如《嘲讽"小镇做题家"是一个危险信号》。这篇文章突然火了，很多网友自发转发，吸引了很高关注度。有网友评论说，浙宣平台为"小镇做题家"发声实属可贵，切莫让偏见和傲慢占据主流，切莫坐拥父辈创造的财富而轻蔑指责他人，切莫享受不劳而获的快感和精神优越感。再如《历史不会浓缩于一个晚上》，这篇文章发表于2022年南希·佩洛西窜访台湾事件的当晚，我们写稿写到凌晨四点多。这篇文章，第二天发布后阅读量特别火爆，40分钟内就有10万+，上了微博热搜榜。有网友评论说，“浙江宣传”动作快，我们在愤怒的同时应该进一步思考，什么是解决台湾问题最有效的“打法”。此外，还有《“低级红”“高级黑”的六种形式》《传统媒体干好新媒体需治“8种病”》等，我们看到全国各地很多媒体朋友都在评论区留言，他们表示很有共鸣。

“浙江宣传”坚持的理念

我们的理念就是九个字：说人话，切热点，有态度。

说人话，就是开门见山、直截了当。在指尖阅读的时代，很多读者没有耐心看绕来绕去的东西，需要直抒胸臆。我们杜绝长篇大论，尽量不说“正确的废话”，这是我们选稿的重要标准。我们对每篇文章都精心打磨，尽量用读者看得懂的语言来表达。

切热点，就是直面热点、解剖难点。一些“出圈”的报道就是靠我们直面热点做出来的，但是我们杜绝蹭热点。我们希望表达出别人观察不到的内容，尽量往深处想一些，比如“小镇做题家”等热点文章获得了很多关注，这是我们反复斟酌、寻找角度的结果。我们追求文字的精心表达，回到最传统的手艺。“切热点”不同于“蹭热点”，差之一字，谬之千里。“切热点”是带着责任和思考而来，“蹭热点”则是奔着取悦读者和赚流量而去；“蹭热点”或许可以博取眼球，但只有“切热点”才会真正直击人心。

有态度，就是立场鲜明、亮出观点。如果没有态度，读者凭什么关注你？如果没有观点，读者怎么会跟着你走？过分爱惜自己的羽毛，说最保险的话，读者怎么会相信你与他同呼吸、共命运？影响力是在一次次鲜明亮剑中产生的，传播力是在一个个思想碰撞中形成的。我们每一篇文章都观点鲜明，绝不回避，绝不模棱两可，将自己的立场旗帜鲜明地展示给读者。

这九个字的理念并不是很高的要求，但想要完全做到并不容易。

“浙江宣传”实践的启示

第一，坚持转变文风。一路走来，我们一直坚持聚焦文风转变。现在没有人爱看空泛议论、绕来绕去的文章，我们需要用尽可能短的篇幅和直白晓畅的语言，把要表达的内容说清楚，还要尽量写出有一定深度和有自己思考的内容。今后，我们还会继续努力转变话语体系。

第二，深化媒体转型。现在推进媒体深度融合，传统媒体要做新媒体还是存在很多问题，到底应该怎么办？在媒体变革时代，可怕的不是选错赛道和办法，而是没有走出舒适区的勇气和想法。我们需要敢于走出舒适区，自我逼迫，自我革命，特别是要摆脱自我束缚、自我捆绑，不能感觉这个不太行，那个好像写不好，还是要努力提高自己思想的含金量。

第三，手握笔杆当战士。着眼于百年来党的宣传事业，"浙江宣传"所做的努力还远远不够。宣传人应该心怀"国之大者"，干久久为功事，担千秋伟业责，持续推动理念重塑、打法创新、战略转型，凝聚更多力量，不断开疆拓土，让笔杆子更有灵气、更有力量。我们需要手握笔杆当战士，展现出让人耳目一新的宣传工作形象。身逢一个伟大时代，宣传人理应成为这样的"战士"——让手中的笔成为最犀利的投枪，写就最精彩的故事！

一路走来，"浙江宣传"的发展离不开很多领导、专家前辈对我们的指点，在这里表示由衷的感谢。今后，恳请各位领导、各位老师多多关注"浙江宣传"，多多提出宝贵意见，谢谢大家！

（演讲者李攀，"浙江宣传"微信公众号编辑部总编辑）

案例分析

壮大主流思想舆论，打通舆论引导“最后一公里”

从“浙江宣传”看全媒体传播创新，我主要从两个方面跟大家分享一下个人的心得体会。

“浙江宣传”的成功之道

（一）高质量内容

在媒体融合发展的过程中，一直以来总会存在这样一种争议，到底应该是技术为王还是内容为王？经过这么多年的探索，对于主流舆论宣传以及主流媒体发展来讲，我认为还是应该坚持内容为王。

具体来讲，“浙江宣传”的高质量内容有五个特点。

第一，切热点。面对热点，如果我们不主动去回应，而是选择沉默，就等于放弃了舆论引导的大好契机。“浙江宣传”能够趁热打铁，对热点议题进行分析、解读和评论，不仅引导了舆论，而且赢得了民心。

第二，有态度。自媒体时代，是一个信息爆炸、信息超载、信息泛滥的时代。我们不缺信息，缺的是理性的观点，缺的是体现价值、彰显意义的评论。

第三，讲故事。一方面，讲故事是人类的本能。人类在讲故事的过程当中，定义自我、理解他人，传播信息、沟通情感，进而形成认同。另一方面，讲故事之所以会产生效果，既有科学依据，也有心理机制。

第四，长知识。“浙江宣传”有大量的文章谈的都是浙江风物，谈的都是人文历史。这样的文章被网友在朋友圈转发时，往往能够引起更多网民的关注。

第五，显深度。越来越多的主流媒体和政务公众号都开始意识到，要用鲜活生动、诙谐有趣的话语来写文章，但既诙谐又有深度的文章还是不多见。毕竟主流媒体和政务传播不能只靠"卖萌"，还必须肩负起引导舆论、传播知识、繁荣文化的重任。

（二）接地气表达

"浙江宣传"主要从三个方面力求"说人话"。

第一，起好标题。这是很多主流媒体在深度融合转型的过程中首先需要解决的、非常具体且讲求技术的问题。我们如何适应当前新媒体时代的媒介特征，适应新媒体时代的传播规律，制作传播效果好的标题，确实是一个重要问题。

第二，写好句子。"浙江宣传"的句子呈现以下特点：

一是多用短句。如《为何说"强起来"是中国的必答题？》一文用了几个非常短的句子，高度凝练地表达了主题思想。我们写文章的目的是让人能看懂，如果句子写得太长，就会导致大家看不懂、不想看。

二是多出金句。"佩洛西窜访是一颗'棋子'，中美大国博弈是一盘'棋局'。中国既不会落入圈套成为棋子，也不会为了一颗棋子掀翻整个棋盘。"这里用了一个非常形象的下棋比喻，把复杂的问题分析得丝丝入扣，让网民认识到应该从大局考虑，更加理性地看待这个突发事件。

第三，句句上口。叶圣陶先生说，写文章就是写话。话怎么说，文章就怎么写，文章要让人读起来像讲话一样朗朗上口。如果一篇文章令大家读不下去，它就肯定不是好文章。

（三）用好网梗

网梗，即网络上的笑点。在新媒体时代，利用网梗把故事讲得更好，是主流舆论宣传值得努力的方向。为什么要用网梗？其实，网梗跟热点一样，也反映了民心，甚至更加直接地体现了社会焦虑和精神痛点。

（四）用真心互动

在这方面，现在很多主流媒体和政务公众号都做得越来越好。正如"浙江宣传"的一篇文章所强调的，"没有互动的新媒体就没有灵魂"。在新媒体时代，如果我们还是使用单向、线性、一对多的传统大众传播模式进行传播，就肯定无法获得成功。

主流舆论宣传的创新路径

（一）优化内容策略

内容永远为王。虽然技术同样重要，但无论技术如何变迁，我们依然要把第一要务放在内容上。具体来讲，要重视以下三个方面的策略：

第一，平衡新闻框架策略。一般来说，新闻报道常见的框架包括问题定义框架、事件归因框架、道德评价框架和解决方案框架。目前，主流媒体在热点事件的应对过程中过多采用问题定义框架和道德评价框架。未来，在对重大热点事件进行回应、对舆论进行引导的时候，主流媒体要重视事件归因框架，更要突出解决方案框架，通过更加均衡的新闻框架策略回应公众关切，提升我们框架设置的能力。我们不光要提高议题设置的能力，也需要在对某个议题的报道和评论中提高框架设置的能力。

第二，善用共情传播策略。尽可能避免使用外交辞令和官话套话评论事件。要善于运用公众可亲可感的内容和语态引起共鸣。既晓之以理，更动之以情，使人们感到不仅应该看，而且喜欢看。

第三，巧用模因传播策略。网络模因，也即网梗，是当前网络文化非常重要的一种表现形式。主流媒体和政务公众号要更多地通过“造梗”“融梗”“玩梗”，促进话语“出圈”与二次创作，吸引更多青年群体关注和认同。

（二）进一步深化融合叙事

麦克卢汉的“媒介即信息”在当前的新媒体时代依然适用。具体如下：

一是丰富媒体形态。虽然主流媒体主打内容，但也不能忽视技术，不能忽视媒介形态。内容好，形式也要跟上。最近“浙江宣传”提供了音频选项，用户不仅可以读这篇文章，还可以通过音频的方式听这篇文章，这就给用户提供了更多选择。在走路或开车等无法阅读的场景，人们就可以通过音频听这篇文章。

二是拓展平台功能。我们可以通过讲解版、动画版、提要版等形式，方便用户更加快速地接收和理解信息，充分利用热点标签、热点话题、热点推荐、热点榜单等平台功能，进一步提升触达度、认同度和参与度。

（三）进一步活化网络互动

所谓"新瓶不能装旧酒"，我们现在已经进入新媒体时代。媒介是新的，如果装的内容还是原来那种单向、线性的内容，肯定达不到好的传播效果。因此，应该注意：

首先，要经营好评论区。以平等的姿态与公众对话，利用评论区对事件进行及时的补充跟进，通过置顶等方式放大正面声音，澄清模糊认识，特别是要把用户评论当作生产内容非常重要的一种形式，汇聚网民优质评论来提高舆论的声量。要以有形的人际传播来赋能无形的公共传播。小编与用户在评论区的互动是一种人际传播，但是这种人际传播是最鲜活的，是最有人情味儿的，最能够抵达人心的一种传播方式。如果我们能用这种有形的人际传播来延伸无形的公共传播，舆论引导的"最后一公里"就可以打通。

其次，要把握好引导点。通过和网民的互动，找准公众关注的热点、焦点、痛点和难点问题，及时调整评论内容的议题和框架，力戒自说自话、隔靴搔痒，增强舆论引导的针对性和精确性。

（四）进一步强化主体协同

一枝红杏不是春，满园春色才是春。我们要通过构建舆论引导共同体，实现壮大主流思想舆论的根本目标。

首先，壮大主流媒体的评论员队伍。当前，专业媒体、机构媒体、自媒体都是舆论引导共同体非常重要的组成部分。一方面，我们要做大做强专业评论员队伍；另一方面，我们要鼓励各行各业的专家学者、专业人士加入进来，通过科学知识和专业素养来赋能舆论引导，形成多元且有说服力的意见领袖结构。

其次，加强主流媒体之间的协同联动。要加强不同类型、不同层级的主流媒体，包括专业媒体和机构媒体之间的联动。不同媒体应该根据自己的独特定位和优势特长，开展更加有效的分工协作，形成重大事件舆论引导的媒体联动机制，避免低水平重复，延伸舆论引导的领域和层次。

再次，加强媒体和网民之间的协同联动。充分利用网民，特别是意见领袖的力量拓展舆论引导的边界，形成官民深度融合的舆论引导格局。在新媒体时代，要真正做大做强主流舆论，光靠专业媒体和机构媒体是不行的，还要有每一个网民的参与。只有多元主体协同联动，才能形成舆论引导共同体，建设具有强大凝聚力和引领力的社会主义意识形态。

（作者韦路，浙江大学传媒与国际文化学院院长、教授）

“专家点评

优质内容依然是舆论场上的稀缺品

在上线不长的时间里，“浙江宣传”微信公众号的人气不断飙升，阅读量10万+的作品接连不断，并最终在激烈的竞争中入选2022年中国应用新闻传播十大创新案例。这不禁让我们思考：“浙江宣传”到底成功在哪里？

如果要用一句话来概括，那么我认为“浙江宣传”提供了舆论场稀缺的优质内容。在这个“人人都是记者”的时代，舆论场上其实不缺内容，甚至可以说是太多内容、遍布噪音，大家每天都被各种纷繁芜杂、真真假假的信息包围，眼花缭乱以致无所适从。因此，优质内容始终是舆论场上的稀缺品。

我们可以看到，“浙江宣传”动辄阅读量10万+的作品，基本上是纯文字作品，很少用照片，更遑论动画、视频，或者其他各式各样搞笑、搞怪、意在吸引眼球的“全媒体手段”。“浙江宣传”无非是用普通人都能听得懂的话，讲一些基本的常识问题、热点问题。

看起来很简单的事情，为什么只有“浙江宣传”做到了？这有很多原因，但主要原因应该是浙江省委宣传部相关领导的支持。“浙江宣传”是浙江省级宣传部门直接下场，到移动互联网的主战场开展宣传工作、进行舆论引导的公众号。传统党政部门应该改变说话方式，要敢于“说人话，切热点，有态度”。

（作者窦锋昌，复旦大学新闻学院教授、博士生导师）

02

中央广播电视总台央视频冬奥会报道

2022年北京冬奥会期间，中央广播电视总台央视频客户端积极采纳智能技术，全方位、多角度、沉浸式进行报道，实现了主流媒体奥运传播的全新视觉效果。央视频客户端独家推出“8K+VR”沉浸式观赛体验，为用户提供千里之外“身临其境看直播”的可能性；引入更具专业性的解说团队，作出及时且准确的点评，丰富观众对赛事的具体了解，拉近观众与冰雪竞技的距离；借助中央广播电视总台的资源优势与技术优势，打造冬奥传播矩阵，设置《滚动新闻》《体育新闻》《全景冬奥会》《冬奥1+1》等新闻栏目，使观众能够全角度观赛、全维度欣赏；央视频AI智能内容生产剪辑系统，还能在短时间内将海量的比赛内容自动浓缩成几分钟的集锦，保证观众不错过冰场上任何一个激情瞬间。此外，央视频客户端还创意推出“数字雪花”互动项目，集合多种前沿科技来赋予用户专属数字身份，为用户打造晶莹美丽的冬奥新世界。

演讲实录

借助科技力量，赋能体育舞台

——央视频冬奥会报道以新形态产品持续锻造旗舰观赛品牌

我是央视频的陈旻，非常荣幸和大家分享央视频两年多来走过的点点滴滴，特别是我们在2022年北京冬奥会中的报道实践。中央广播电视总台拥有冬奥会等系列重大赛事的版权资源，但怎样把版权价值最大化，这是我们作为一个年轻的新媒体平台需要考虑的事情。

我们先来看一组数据：此次央视频北京冬奥会相关报道全网总播放量为31.82亿人次，App（手机应用软件）累计下载量突破4亿，累计激活用户数超1.4亿，超2000万用户生成了属于自己的“数字雪花”。北京冬奥会中，中央广播电视总台5G新媒体平台央视频，以赛事转播服务为抓手，在速度与质量的比拼中占得先机，给用户带来前所未有的赛事呈现和互动体验。

此次北京冬奥会报道，央视频平台实现全场次赛事直播，全覆盖16个比赛日、3个赛区、569场比赛，直播时间超过550个小时，与亿万受众共同见证了北京冬奥会7个大项15个分项共109块金牌的诞生。央视频客户端内直点播视频发布超过1.9万条，用户在央视频观看赛事视频累计达8.23亿人次。凭借丰富的冬奥内容以及8K、VR、AI等先进技术，央视频迅速成为2022年App界的新晋顶流，登顶各大应用商店榜首。来央视频看体育赛事，已逐渐深入人心。

8K、VR科技赋能，提升用户沉浸式观赛体验

在2022年北京冬奥会，央视频开拓了独家的“8K+VR沉浸式观赛”，这是首次启用8K清晰度直播奥运赛事。我们和PICO合作，用户可以通过安装了VR头戴设备的央视频VR应用或者打开央视频客户端内的VR互动H5产品，全景沉浸式观赛，自由选择观看视角。

此次VR观赛，包括冰球、单板滑雪、花样滑冰、自由式滑雪、冰壶、短道速滑六项热门运动，还有开、闭幕式。在疫情无法现场观赛的情况下，我们首次提供了超过80小时的北京冬奥会现场直播和沉浸式互动报道，让全国观众比以往任何时候都更接近中国冬奥代表队和世界运动员，更加真切地感受体育竞技的魅力。这次“8K+VR沉浸式观赛”的点击量超7874万次，单日最高点击量超过900万次。

值得一提的是单板滑雪比赛。我们通过VR打造了虚拟观赛厅，这类似于一个非常大的包间。用户可以置身于白雪皑皑的会场——当运动员在你眼前完成动作时，你可以选择从不同角度观看。

原创“数字雪花”身份，飘进开幕式元宇宙“鸟巢”

为了带动用户沉浸式参与冬奥会，我们原创了“数字雪花”互动项目，参与者可以提前到央视频生成自己独有的“数字雪花”形象。我们使用区块链技术，为所有参与用户生成独一无二的虚拟藏品，收获“每朵雪花，皆为荣耀”的身份感与荣誉感。

最有趣的是我们特别设计的“飘进我的冬奥开幕式”活动。用户可以通过央视频客户端和合作平台手机端，乘着独一无二的“数字雪花”从高空飘进“鸟巢”的座位，俯瞰整个冬奥会开幕式会场。借助AI算法，每一位参与者还可以生成自己独一无二的雪花视频，在跳跃的音符中收获自己的专属冬奥记忆。

这次有2000多万用户生成了自己的“数字雪花”，参与到北京冬奥会现场。接下来，我们还会继续探索这样的方式。比如通过虚拟摄像技术，支持用户根据自己所在座位的位置切换赛场画面的视角。再如2022年12月的世界乒乓球锦标赛，我们在成都前方尝试了竖屏直播，创新竖屏观看乒乓球，非常有意思。

深耕原创内容策划，探索冬奥赛事“共情传播”策略

我们发挥总台视频资源和新媒体技术的优势，积极策划多档新媒体节目，在传递赛事信息之外，进一步满足用户情感共鸣共振的需求。

微综艺《闪闪发光的少年》探访了8位“95后”运动健儿的日常生活，发掘每位奥运健儿的发光故事，重新定义“国民榜样”。节目全网话题阅读量有8亿+，收获热搜榜26个，哔哩哔哩评分为9.8分。

我们还与2022年北京冬奥组委会合作节目《冬奥青年说》，携手奥运冠军，探访国家高山滑雪中心“雪飞燕”、国家体育馆“冰之帆”、国家游泳中心“冰立方”，节目内容引起网友共鸣，微博话题阅读量近400万次。

此外，我们还制作了《会员请回答·冰雪茶话会》《冰雪之歌》《赛场看一看》和《冰雪健儿向前冲》等节目，多视角展示北京冬奥会以及冬残奥会中的温暖和感动、荣誉和拼搏，都获得了不错的观看量。这是我们作为主流新媒体平台，在单纯依靠资本投入和UGC（用户原创内容）开放生产之外的探索路径。

AI智能，助力冬奥赛事极速、无障碍报道

自2022年欧洲超级杯开始，我们就启用AI剪辑系统。经过训练后，AI系统可以根据一定的规则，在最短时间内将海量比赛内容自动剪辑成几分钟的短视频，为央视频用户极速呈现冬奥会赛事的精彩瞬间，实现短视频实时生产。当然，AI剪辑后还需要人工审核。我们正在持续训练AI，让它根据需求更智能地进行剪辑。

2022年北京冬奥会期间，AI智能剪辑系统共生产视频192条，播放量超1550万次。在谷爱凌夺得首枚自由式滑雪女子大跳台金牌时，AI剪辑系统对谷爱凌三次跳跃的完整动作、慢动作、宣布得分等关键时刻，实现一分钟自动剪辑发布，第一时间让用户欣赏到“青蛙公主”的雪上风采，该条短视频播放量近900万次。

我们还贴心地推出AI手语翻译官“聆语”，为北京冬奥会冰雪赛事提供优质的AI手语翻译服务。为此，央视频整合了多模态交互技术、3D数字人建模、机器翻译、语音识别和自然语言理解等多种技术。“聆语”

在冬奥会期间稳定发挥高水准，手语可懂度超90%，居行业领先地位，手语服务人次超216万，共完成手语手势近2000个。这体现了一种温情和关怀，唤起全社会对残障人士的关心。

全网立体宣推，持续深化“来央视频看冬奥会”品牌

2022年北京冬奥会期间，央视频在全网打造“来央视频看冬奥会”的品牌概念，话题阅读总量达26.87亿，发布的各类视频登上各大平台热搜榜231次，触达10亿受众。此外，央视频基于手机官网页面进行内容分发，创新推送冬奥主题“5G消息”，让用户可以在自己手机原生的播放器观看图文；同时推出了海报、手绘条漫（多格长条形漫画）、原创冬奥会主题Pin（个人身份识别码）等各类创意视觉物料；在公交和地铁等大型户外媒体上进行精准投放，覆盖北京80%的重要商圈，这些都是我们的探索和尝试。

习近平总书记在中央广播电视总台视察时，提出要把新媒体平台建设好运用好，由此“央视频”App应运而生。2021年，央视频在所有视频平台中排名第十位，在央媒中的排名是第一位。我们始终坚持踏踏实实做好每一项报道，抓住每一个数据。这次北京冬奥会期间，我们的日活跃用户数量超过2000万，也是一个不错的成绩。

在座很多媒体专家和业内同行都了解，要在传统媒体上生发出新媒体平台是挺不容易的。今天，新媒体和科技的蓝海带来了巨大的机遇和考验。我们希望与所有同行携手，无论在自有平台还是第三方平台上，通过内容编辑和深度采写不断提升自己的技术优势。

（演讲者陈旻，中央广播电视总台视听新媒体中心内容运营二部主任）

案例分析

共情·共鸣·共振：央视频冬奥传播的“破圈”路径

2022年北京冬奥会是一场举世瞩目的国际体育盛会，备受各类媒体关注。作为中央广播电视总台（以下简称总台）旗下的视频社交媒体平台，央视频以向用户提供互动参与和多维观看体验为宗旨，进行了一场大规模、立体化的冬奥传播，收获了超高人气与关注度。文章从内容生产、运营策划、传播渠道三个维度分析其成功经验，以期为新型主流媒体的体育传播提供一些启示。

内容的共情

如何在内容创新中找准方向、激发受众共情，这是传播者需要重点关注的议题。央视频的答案是：在强调趣味性、贴近性的同时，始终牢记使命感和责任感，围绕体育精神，传递正能量。

（一）趣味性

部分主流媒体的内容创作存在宣讲性过强、趣味性不足的问题，在泛娱乐化背景下，其内容的吸引力受到巨大挑战。央视频以趣味性为冬奥会内容强势赋能，发挥视频社交媒体的平台优势。在内容生产上，注重寓教于乐。央视频客户端的《云寒假》栏目为用户特别是青少年群体准备了丰富的视频内容，比如，《看动画轻松get冬奥冷知识》用诙谐的画面和易懂的语言科普冬奥知识，《热“雪”沸腾，为国而战》以超燃水墨动画为中国冬奥健儿加油，《了不起的冬天》以大量的动漫表现形式和科普达人的生动讲解，多角度、深层次呈现冬奥会运动项目的独特之处。为了更好地发挥这种内容优势，央视频还在栏目设置上注意轻重配合。《冬奥看你的：一手冬奥名场面》《冬奥顶流冰墩墩：憨憨冰墩墩》《冠军陪娃看冬奥》等栏目，仅标题设计就颇具新颖性和趣味性，简明扼要地传达了栏目主题，再配合生动有趣的图片和适当的版面布局，激发用户点击的兴趣。

（二）贴近性

面对当下个性化的内容消费趋势，媒体需要摆正心态，转变语态，以“看不见的宣传”推动冬奥内容的传播。“一粒沙里看世界，半瓣花上说人情”，央视频的冬奥内容之所以吸引社会各界广泛关注，得到人们高度评价，一个重要原因就在于贴近性强，用户更容易被打动和被影响。一方面，央视频在内容叙事上时刻意避免官方化、模式化的叙述方式，重视朴实和温情的场景再现，力求以小切口反映大主题，传递大思想。比如，2022年2月28日发布的《北京2022年冬奥会109块金牌回顾》记录了冬奥健儿夺冠的瞬间，画面中运动员或高举金牌，或挥手致意，或拥抱在一起。这些场景简单朴素，却真实反映了他们对体育的热爱，以及纯粹的人性美、人情美，传递温暖人心的精神力量。另一方面，央视频注重挖掘冬奥健儿背后的故事，书写体育之美。如2022年2月24日发布的《从童星到中国最年轻的冬奥冠军》用短短2分钟的时间，回顾了冬奥冠军苏翊鸣的早年经历和运动生涯，同时将志存高远、脚踏实地的中华民族精神寓于其中，对用户有很好的教育意义。

（三）正向性

新型主流媒体在传播主流价值、传播社会正能量上发挥着重要作用。新时代，新型主流媒体需要勇于承担时代使命，做好正面宣传。2022年北京冬奥会期间，央视频立足时代背景和社会热点，把冬奥会与社会主义核心价值观宣传教育结合起来，营造和谐共进的舆论氛围。一方面，央视频着力报道和表现奥运健儿的精神品格。从坚守4届冬奥会终获成功的“老将”徐梦桃，到谷爱凌“少年天才”光环背后的不懈努力，再到苏翊鸣对单板滑雪的认真专一与坚持，这些奥运健儿所付出的努力，无不体现中华民族传承至今的不屈不挠和自强不息的精神，以及以敬业、奉献为代表的社会主义核心价值观。奥运健儿精神品格的这种再现，反映出央视频对用户思想道德建设的重视。另一方面，央视频生动报道了中国在冬奥领域取得的可喜成就。比如，“北京冬奥会奖牌榜”板块不仅对中国队奖牌进行了呈现，点击“订阅”还能实时获得奖牌榜变化的信息。奖牌榜最终定格在9金4银2铜的战绩，成为本届冬奥会最好的注脚。这一板块充分显示了中国在冰上运动的发展和突破，也让屏幕前的用户产生了浓厚的自豪感、喜悦感，激励着他们将中国人的体育精神传递得更深、更远。

运营的共鸣

在融媒体时代，想要在内容的“汪洋大海”中脱颖而出，就必须具备强大的运营力。央视频依托总台资源优势，在适配用户、活动策划、加强互动上不断发力，以共鸣为突破口，为运营创下好口碑，筑牢了“出圈”的核心竞争力。

（一）精准把握用户思维的理念与需求

本届冬奥内容运营具有特殊性。一方面，因拥有北京的东道主优势和充裕的观赛时间，国人的观赛热情高涨；另一方面，本届冬奥会在大众关注度和商业价值上都远胜往届。这一切都促使短视频、长视频、图文社交等各类内容平台在竞争冬奥这一“流量羹”。作为新型主流媒体的先行者和引领者，央视频需要在冬奥内容运营上形成自身特色，才能占据宣传高地。话题是平台探索生态的突破口，可以为用户提供一个舆论场。

2022年北京冬奥会期间，资讯平台、社交平台、视频平台上充斥着各种各样的相关话题，但央视频冬奥会话题实现了真正的“引爆”，因为央视频做到了以下三方面。首先，明确主题，从海量冬奥信息里提取出和用户一起讨论的内容，然后用简单、明确、直接的话语传递出去。其次，根据主题去分析潜在受众群体，如速滑、花滑就比冰壶、雪车更受关注，苏翊鸣等中国健儿比国外运动员更受关注。最后，重视用户反馈，在海量冬奥话题的选择中及时、高效地作出判断。充分利用央视频评论功能，挖掘不同年龄层次、认知层级和文化程度用户的理念与需求，为自身运营流程的优化、冬奥内容的丰富、品牌形象的塑造提供宝贵经验。

（二）精心策划一系列活动

在融媒体时代，面对各类媒体的竞争，新型主流媒体需要以“融合”二字为统领，不断提升自身连接社会的广度和参与社会的深度。因此，央视频以融合转型为契机，精心策划了一系列活动，不断拓展提升经济效益和社会效益，如“数字雪花”互动活动。2022年2月4日，北京冬奥会开幕式在“鸟巢”举行，用户在央视频领取“数字雪花”身份后，即可在“数字雪花”互动页面观看2022年北京冬奥会开幕式直播。直播过程中，用户的雪花会带其“飘”进另一个宇宙中的2022年北京冬奥开幕式，在这个属于所有雪花用户的宇宙里，专属摄影师将跟拍用户的雪花飘进“鸟巢”的奇妙姿态，这使得用户收获不一样的观看体验。直播结束后，点击“数字雪花”互动页面“飘进我的冬奥开幕式”按钮，用户可以获得“我的冬奥数字雪花”特别证书。这张证书附有雪花的唯一编码、存证时间、授时凭证编号、数据哈希值等具有独特性与唯一性的信息，是珍贵的数字资产，用户还能收藏这段自己“参与”冬奥会的专属视频，获得独特的身份感和荣誉感。又如“会员请回答·冰雪茶话会”互动答题活动，用户成为央视频会员后，预约“会员请回答·冰雪茶话会”直播，就可以参与节目的互动答题，有机会获得央视频冬奥会观赛VR头戴设备。通过这些活动，央视频促进了用户之间的互动与沟通，吸引了大量年轻用户。

（三）充分挖掘社交平台人格化优势

央视频是视频社交媒体平台，社交性是其立足之本。在融媒体语境下，衡量平台社交性的一条重要标准就是它是否与用户真正建立起连接。为此，平台不仅要引发用户共鸣，还要增强信息接收体验，甚至让用户主动传播平台的观点与内容。

央视频抓住北京冬奥会开幕的契机，在2022年2月4日成功推送了第一条5G消息。这一5G消息有三大特点。一是将央视频卡通版的虚拟IP（知识产权）形象与知识库进行了结合，将央视频5G消息服务号人格化，为用户提供有温度的智能对话式互动服务。二是无须安装App，通过手机号即可参与节目私聊、群聊的社交互动，并最终连接用户。三是消息智能化触达能力，基于AI和大数据实现媒体消息个性化推送、精准营销、会员一键购买等功能。此外，央视频还重点打造了“央友圈”。2022年2月8日谷爱凌完成夺冠一跳后，全场欢呼，场边的“冰墩墩”兴奋摇摆，冬奥会“顶流”合体，这种有趣的互动有效增强了用户黏性，也使得由央视频前方记者拍摄的短视频在央视频的“央友圈”中引发热议。

传播的共振

央视频以总台多机构全媒体融合为契机，积极构建多维传播矩阵，全面赋能冬奥传播，还利用平台推荐和算法技术，提升传播的针对性和有效性，最终实现多方联动共振，使冬奥传播更具时代感和高效性。

（一）矩阵传播

央视频在冬奥内容的信息覆盖上基本实现了全面化。在央视频看来，要想使冬奥内容通过更多元、更立体的渠道进入公众视野，获得直击人心的效果，就必须打通全媒体道路，构建传播矩阵。央视频依托总台的强大资源和影响力，在短时间内收获了成千上万的关注，并以媒体融合为契机，充分发挥CCTV电视、央视新闻、云听等传播平台的优势，迅速提升冬奥传播的知名度和影响力。同时，央视频也十分重视其他媒体的力量，在进行冬奥会“慢直播”的同时，还对谷爱凌的空中转体、苏翊鸣的93分第三跳、羽生结弦的“4A”挑战等收视热点进行剪辑、整理、加工，制成短视频产品，在抖音、快手、西瓜视频等视频平台传播，充分践行了“一次采集、多种生产、多元传播”的融合思路，便于用户的观看、评论及转发。

（二）聚合传播

冬奥传播的主体除了媒体，也有政府、名人以及社会大众。其中，政府是引导者和权威保障，名人是发起者和引路人，媒体承担的更多是相关信息的传递工作，社会大众则是参与者和接收者。为了提升宣传效果，需要聚合多元冬奥传播主体，共同打造冬奥传播链条。在冬奥传播的过程中，央视频通过身体力行的引领，实现了多方联动、协同共振的聚合传播。首先，冬奥传播的品牌立意和主旋律相契合，受到了政府部门的高度重视。如北京市石景山区作为北京冬奥会组委会的总部驻地和重要赛区，给予了央视频诸多帮助。其次，央视频冬奥传播充分发挥了名人的影响力。如《一起看冬奥》栏目每期都会邀请几位名人做客，从央视“名嘴”韩乔生到花滑运动员张丹等知名人士都曾受邀做客。他们的出席对冬奥内容的推广、对冬奥项目的传播，都产生了良好的社会效应。再次，央视频拥有大量粉丝群体，他们自发进行的关系链传播进一步扩大了冬奥内容的覆盖面，赋予冬奥内容更强的传播活力。

（三）精准传播

传播效果的评价指标不仅涉及点击量、辐射面等量的评价，还涉及影响力这一质的评价。为了提高冬奥传播的质量，央视频分别在平台推荐、机器算法方面提质增效。在平台推荐方面，央视频的现场画面呈现、专业摄制设备运用、政府层面的协作资源调动等优势尽显。央视频抓住这一优势，在微博、微信公众号、今日头条等资讯平台集中投放冬奥会内容，并通过加权推送提高了冬奥会传播的触达率。在机器算法方面，央视频在传播过程中没有一味追求量的壮大和端口的多样，而是利用好大数据技术，实现优质内容与目标用户的精准匹配，提高触达率。如将花样滑冰相关内容推荐给年轻女性用户，就更容易被点击和讨论。正因如此，央视频的内容能获得持久的曝光量，在冬奥会结束之后，其影响力依然强势。

（作者王凯，韩国清州大学艺术学院2021级博士研究生；赵鑫，韩国清州大学艺术学院2021级博士研究生）

专家点评

运用最新媒体科技，提升冬奥观赛体验

在2022年北京冬奥会的报道中，中央广播电视总台5G新媒体平台央视频采用最新技术，为用户提供了全景沉浸式8K直播观赛、VR自由选择观看视角的服务，让全国观众比以往任何时候都更接近中国冬奥会代表队和世界运动员，更加真切地感受体育竞技的魅力；设计了“数字雪花”互动项目，参与者可以提前到央视频生成自己独有的“数字雪花”形象，乘着独一无二的“数字雪花”，从高空飘进“鸟巢”的座位，俯瞰整个冬奥会开幕式会场；通过AI剪辑系统，在最短时间内将海量的比赛内容自动剪辑成几分钟的短视频，为央视频用户极速呈现冬奥赛事的精彩瞬间，实现短视频实时生产，帮助央视频在冬奥会报道速度与质量的比拼中抢占先机；央视频还贴心推出AI手语翻译官“聆语”，为北京冬奥会冰雪赛事提供优质的AI手语翻译服务。为此，央视频整合了多模态交互技术、3D数字人建模、机器翻译、语音识别和自然语言理解等多种技术。

最新媒体技术的运用、得天独厚的视频资源以及采编团队精心策划制作的多档新媒体节目，央视频给用户带来了前所未有的赛事呈现、互动体验以及情感共鸣，为大型体育赛事的新媒体报道树立了新的标杆。

（作者徐慨，南京大学新闻传播学院教授）

03

中央广播电视总台“中国之声”

从2004年1月1日中央人民广播电台启动频率专业化改革，将第一套节目改版为新闻综合频率，到2008年、2011年几度新闻改革，“中国之声”从综合频率改为专业新闻频率，节目播出从录播改为全天候直播，开创了“板块+轮盘”的直播模式。“中国之声”始终坚持深度报道，成果丰硕。近年来，持续围绕环保、地方治理等问题开展舆论监督报道，多次以批评报道荣获中国新闻奖，2022年再度斩获首次设立的舆论监督报道一等奖。“中国之声”持续跟踪中国发展，启动了十年大型记录报道《十年，这里》，从2013年12月31日开始，以全媒体形态聚焦十个中国基层观察点，进行长达十年的持续追踪，以折射国家、社会、个人十年间的变化与进步，相关节目在2022年产生比较强烈的社会反响。

演讲实录

坚守媒体责任使命，不负党和人民重托

各位领导、各位老师、各位同仁，我是中央广播电视总台“中国之声”的记者管昕，我是一名长期从事舆论监督报道和深度报道的一线记者。非常荣幸有机会参加这个活动，感谢学会把2022年“中国应用新闻传播十大创新案例”的荣誉授予“中国之声”。看到热爱的新闻舞台获得这样的荣誉，我作为其中一员，深感光荣和自豪。我们格外珍视来自学界的鼓励和认可。我们将不忘初心，继续做好本职工作，坚守媒体的责任和使命，不辜负党和人民的重托。

“中国之声”正释放出新的活力和影响力

首先，请允许我简要介绍一下“中国之声”。早上晨练和平时开车的朋友，可能经常听到“中央人民广播电台”的呼号。这个呼号从1949年12月5日起已广播了73年，其前身为诞生于1940年12月30日的延安新华广播电台。目前为中央广播电视总台旗下首席广播频率的“中国之声”，原为中央人民广播电台第一套节目，是中国唯一覆盖全国、24小时直播的新闻频率，2004年1月1日正式以“中国之声”为呼号对全国广播。《新闻和报纸摘要》《新闻纵横》《全国新闻联播》等经典广播栏目，都在全国新闻界拥有很大影响力。2008年，“中国之声”凭借“版块+轮盘”的新闻广播节目架构开媒体先河。经过几轮新闻改革，国家新闻广播“责任至上”的品牌形象已深入人心，市场品牌价值稳定增长。中央广播电视总台成立后，“中国之声”以“立时代潮头，发时代先声”的品牌形象，释放出新的活力和影响力。

近几年来，“中国之声”在舆论监督报道和深度报道方面取得的一些成绩，引起学界和业界的关注。熟悉“中国之声”的老听众都知道，建设性地开展舆论监督报道，一直都是“中国之声”的一大特色。我们的品牌栏目《新闻纵横》在1994年创办时，最早的定位就是舆论监督节目。尽管这些年来，舆论监督报道在全媒体时代面临新的挑战，但“中国之声”自始至终从未弱化过舆论监督的价值。我所在的中央广播电视总台新闻中心特别报道部，是一支拥有10名成员的团队。我们部门的职责是承担“中国之声”的舆论监督报道、重大突发新闻报道、特别策划等任务。我们团队的平均年龄是30多岁，形成了老中青“传帮带”的年龄梯队。我们都热爱“中国之声”这个舞台，并在其中感受到了职业价值和专业成长。

多年来，“中国之声”始终坚持追热点、问民生，坚守国家新闻广播的责任和使命，审慎把握选题价值，有建设性地开展舆论监督报道。

“中国之声”的舆论监督报道何以出彩

我在地方省台工作过几年，正是受到“中国之声”影响力和新闻理念的召唤，才毅然选择北京，投奔到这里来的，因为我觉得这是做新闻最好的地方，尤其是舆论监督报道。近年来，我们始终在坚持，始终在创新，始终在突破。在媒体深度变革与重构的融媒体时代，在深度报道相对萎缩的情况下，作为国家新闻广播人，我们没有忘记自己的责任和使命，每年都有多篇重磅的调查性报道在公共舆论场引起广泛关注，并最终推动问题的解决，促进制度的完善。

我简单提几篇我们做过的报道，或许在座的领导、老师、同仁仍有印象。以最近三年我们获得中国新闻奖的报道为例，前不久公示的中国新闻奖拟获一等奖作品中，共有三篇舆论监督类作品，“中国之声”播发的舆论监督报道《多地清洁取暖被指“一刀切”：禁柴封灶致部分群众挨冻》有幸榜上有名。在“双碳”背景下，各地强力推进的清洁取暖工程备受社会关注。2021年11月，一进入冬季，我们部门就已开始谋划相关话题，深入多地基层群众中调研访谈，不断整理群众来信来电，力求弄清人民群众的“急难愁盼”是什么。最终，我们以河北山海关古城存在的“一刀切”典型问题为曝光切入口。当地因古城内有一处大气环保国控监测点，只顾环保数据好看而漠视群众冷暖。我们进而提出，本不该矛盾的环保与民生为何在这里“打架”？问题很快得到解决。生态环境部也及时回应，重申确保群众温暖过冬是底线，坚持“先立后破，不立不破”的原则，推进清洁取暖工作。

又比如，第三十届中国新闻奖一等奖作品《神秘“曹园”》。这是“中国之声”播发于2019年的舆论监督报道，报道了黑龙江省牡丹江市国有林区内暗藏大规模违章建筑，毁林千亩削山挖湖建私人庄园一事。在座的老师可能对这样的场景还有印象：气势宏伟、雕梁画栋的朱红色大门，内部奢华的仿古建筑占地规模数千亩。这竟然是违章建筑，而且是私人建筑！在长达十年的时间里，借着旅游开发的名义，在有关部门三次行政处罚都无法制止的情况下，一个在国有林地上的“私人庄园”拔地而起。省市调查组带队的副市长要进去实地调查，还吃了闭门羹，硬是在外面等了半个多小时才得以进入。这组连续调查性报道一经播出，迅速引起现象级传播。黑龙江省迅速派出调查组赶赴现场调查，违章建筑很快被全部拆除，数十名领导干部被问责。该事件从报道、发酵到依法依规处理，“绿水青山就是金山银山”的理念在当地领导干部队伍中得到进一步深化。通过舆论监督曝光典型事例，违法违规行为得到惩处，习近平生态文明思想得到更深入、更广泛的宣传，在社会上形成了积极的传播效果。

再比如，中国新闻奖一等奖作品、中央广播电视总台“中国之声”2020年对江苏南京秦淮河大堤被挖空建高档餐厅一事的报道。报道播出当天，责任单位就派人自行拆除了违章建筑。这组报道还引起中央纪委、水利部等部委重视，最终9名相关责任人被问责。在水利部专家的监督下，大坝很快回填完毕，安全隐患被彻底消除。此报道播发时正值汛期，当地已启动防汛一级应急响应。如果安全隐患未及时拆除，是否会发生安全责任事故？防患于未然，不能有任何侥幸心理！

此外，2021年第三十一届中国新闻奖二等奖作品里，还有“中国之声”的舆论监督报道《河南南阳要占万亩基本农田建养猪场，岂能如此“拆东墙补西墙”？》。这组报道也很典型，问题也很有冲突性。一边是保障粮食安全的基本农田，而且是近1.5万亩；另一边是猪肉价格大幅上涨背景下养猪场需大幅扩建。两边看似都很重要，都涉及重大民生关切，但化解矛盾为何要突破国家土地法律法规的红线？“中国之声”报道后，自然资源部、农业农村部、中央农办先后派出调查组展开深入调研。最终，国家自然资源督察郑州局要求南阳市全面纠正“百场千万”工程中存在的打捆备案、未补先占等严重问题。南阳市推进整改工作，取消建设场区12个，停止建设未启动占用基本农田较多的场区25个，按照避让基本农田的原则重新论证选址。

梳理历年来获奖的舆论监督报道可知，这些报道无不是准确把握时代脉搏、坚持导向正确和效果可期的高质量作品。我们认为，影响力传播、正确舆论导向、积极传播效果是优质舆论监督报道的标配。加强和改进舆论监督，首先要冲破优质选题的困境。我们认为，要走到人民群众中去找好选题，要在国家政策落地的“最后一公里”挖掘新闻富矿。“追热点，问民生，推动国家重大战略决策、各项惠民利民政策落到实处”，应是新时代背景下舆论监督报道的重要方向。主流媒体记者的责任和使命，也应该在此过程中得以彰显。

多年来，“中国之声”始终坚持追热点、问民生，坚守国家新闻广播的责任和使命，审慎把握选题价值，有建设性地开展舆论监督报道，努力在服务党和国家工作大局中提高舆论监督报道的质量，促进社会问题的有效解决，参与和推动社会进步。我们欣喜地看到，中国新闻奖2022年将舆论监督报道单独设项，这对主流媒体加强和改进舆论监督、探索和创新舆论监督新形式是一个难得的机遇，势必会引导各级新闻单位重视舆论监督报道，这对强化主流媒体的新闻权威具有广泛而深远的影响。机构媒体和职业记者，只有练就开展建设性舆论监督的“武艺”，围绕中心，服务大局，通过舆论监督的形式，宣传党的政策和主张，助力国家治理能力现代化，才能不负党和国家赋予新闻媒体的责任和使命。

《十年，这里》：十个民生样本的十年全景观察

“中国之声”还有一组大型记录式报道《十年，这里》，近年来得到社会的关注。十年，在历史的长河里，也许过于短暂；而对一个人、一个家庭、一个国家来说，十年的变化太大了，意义非同寻常。

2013年，“中国之声”从全国各地选定了十个民生样本，持续记录微观点滴，呈现出国家十年发展的宏观图景。在这十年里，十位记者每年

对中国基层十个地点和个体进行持续追踪和样本观察，展示微观个体递增的获得感、幸福感、安全感。这十个民生样本，有青海的偏远村庄，有大都市的养老院，有探索制度创新的上海自贸区，有探索全国教育改革的北京海淀，有广西的乡村中心小学，有安徽的三甲医院，有治理大气污染任务艰巨的河北武安，还有我参与记录的深圳罗湖城中村黄贝岭等。一个点位，就是一个民生样本，每个点位背后，聚焦的都是复杂的社会问题，如脱贫攻坚、大气污染防治、新型城镇化等。

我个人认为，《十年，这里》这个名字本身就很客观。有新闻理念追求的机构媒体和专业记者，就是要有强烈的时代意识和问题导向，心怀国之大者，有定力地观察和思考，通过冷静、客观的深度报道，为国家发展和社会进步纪传。十年来，中国取得的成就举世瞩目，这十年来共计100篇报道恰好记录了它的历程，而我有幸参加了这组报道的采制。总台旗下新媒体平台对这组报道进行了全媒体传播，央视大屏也进行了专题报道，取得了较好的传播效果。

作为国家新闻广播，“中国之声”肩负着国家主流媒体的责任和使命。在全媒体时代，重塑新型广播的传播力和影响力，离不开各位学界领导和老师的支持，恳请各位多关注“中国之声”，提出有价值的意见和建议。也欢迎大家在方便时到“中国之声”来做客。相信在大家的帮助和支持下，我们的节目将办得更好。谢谢各位，我的演讲就到这里。

（演讲者管昕，中央广播电视总台“中国之声”的记者）

案例分析

新媒体语境下广播新闻类互动节目的突围

在广播新闻类节目中，互动节目是至关重要的组成部分，也是一种全新形式。受众和嘉宾的沟通交流，能体现出信息传播的及时性、有效性和针对性。在广播节目中融入互动环节，可以形成一种更高质量的交流形式，进一步突破广播新闻的局限性。在更深层次上有效地互动，可以充分融入广播的各类元素，如节目主题策划、节目主持人、节目音响素材、节目受众等一系列相关内容，实现更加良性的沟通，进而呈现更好的互动反馈效果。在该类节目中，“中国之声”《新闻纵横》是其中的佼佼者。本文以该节目为例，重点探讨在新媒体语境下怎样有效地做好广播新闻类互动节目。

“中国之声”《新闻纵横》节目的发展概述

《新闻纵横》是中央广播电视总台“中国之声”在1994年开办的，是比较典型的广播新闻类互动节目，每期节目播出时间为两小时，是大版块综合新闻节目，充分体现出互动的特点。该节目由两个版块组成。

节目的第一个版块是将播报的形式，包括“问今晨”“问焦点”“问市场”“问幕后”“问真相”“问进展”等，作为内容的标识语，有针对性地强调每一天全新的早间新闻、重点新闻、财经新闻等，然后从不同角度对相应的新闻事件进行切入。在播出过程中，主持人会不断提问，这样可以使听众有相对应的期待和悬念，甚至有一种紧张感，进一步增强新闻广播的收听黏性，同时也能更充分地体现广播节目和观众的互动反馈效果。

节目的第二个版块时长为60分钟，主要的编排顺序为“此时此刻”“追焦点”“今日出行”“注意市场”等，其中也融入了相应的互动环节，在“问什么”“追什么”等播报单元后插入短小精悍的新闻或服务资讯，可以进一步提升新闻节目本身的辨识性、可听性。这种广播新闻类互动节目，通过追问的形式融入新闻评论，使时政、财经等新闻信息更加及时，同时通过广播连线的形式与听众及评论员进行及时互动，可以更深入地挖掘新闻事件的深刻内涵和背后真相，然后进一步深入开展评论，更充分地体现广播新闻类互动节目的特性。

从《新闻纵横》看新媒体语境下广播新闻类互动节目如何突围

从上文的分析中可以看出，“中国之声”的《新闻纵横》节目在新闻互动环节呈现出自身的优势和特色，在进一步增强听众黏性的基础上使内容不断创新、完善，使传播更及时、有效，在互动反馈方面呈现出更加良好的效果，该节目因此才长盛不衰，在新媒体语境下保持自身的竞争力。《新闻纵横》节目本身有着十分独特的发展模式和实践策略，因此对于与之相类的各类广播新闻类互动节目来说，需要借鉴其经验并进一步优化，在实践过程中可以落实以下几方面策略：

（一）在广播新闻类互动节目中充分体现互动的特性和优势

在当前的新媒体语境下，报纸、电视等传统媒体仍然广泛存在，同时融入了互联网、手机客户端、短视频平台等新型媒体。它们都在突出强调自身的互动品牌和互动反馈效应，并且结合实际情况不断推出自身的互动招数。从根本上讲，互动仍然是广播节目最及时有效的传播策略。广播有着先天的互动优势。因此，在针对广播新闻类互动节目进行优化和完善、不断创新发展的过程中，需要充分体现出自身的互动优势和效能，使自身的特性得到充分呈现，这样才能奠定自身的生存根基和发展基础。互动者在广播中进行交流和沟通，可以得到最及时有效的互动和反馈，这是其他媒体不能比拟的。因此，要充分体现出这种互动优势，并为广播发挥自身发展效能提供必要条件。

例如，“中国之声”《新闻纵横》节目就是通过最及时的互动，与听众进行有效、深入的沟通，这样可以使听众满足沟通和交流的需求，进而使《新闻纵横》节目在与听众互动交流的过程中更充分地体现自身作为广播传播者的价值。因此，在实践的过程中，相关节目负责人需要着重针对广播的互动特性进行深入挖掘并不断摸索创新，进一步把握听众的客观需求和新闻事件的最新发展趋势，以此为切入点进行更深入的沟通、互动和交流，在及时性、高效性的互动交流过程中有更加深入的思考和体验。节目可以针对某一个新闻事件或者热点等进行答疑解惑，通过广播媒介同专家学者进行充分且直接的沟通和交流，既可以答疑解惑，达到交流内心愿望的目的，也可以突破时空的限制，体现广播节目应有的价值。

（二）进一步充分利用新媒体，使广播新闻类互动节目与时俱进

在新媒体语境下，广播新闻类互动节目想要实现更好的发展效能，需要在新媒体、新技术和新平台应用等方面进一步提升，更好地展示与时俱进的精神和广播媒介的创新发展成效。在互动节目的发展过程中，要充分认识到当前时代发展趋势，以及人们生活节奏加快的特点，明确在受众精神需求越来越多样化的现状下，人们对沟通的要求也在不断提高。因此，需要确保广播新闻类互动节目充分利用新媒体手段，采用微信或网络直播等形式提升广播人的创新意识和创新技能，以适应新媒体的要求。在信息化技术和相关手段的融合中持续完善和优化互动效果，充分体现融媒体的相关策略。为了充分发挥广播互动效能，广播新闻类节目在热线短信、微信论坛、帖子和网络直播等方面采用多种方式进行互动，实现多位一体和快速分析，解决听众或网友的问题，并通过微博、微信等新媒体手段进行互动和融合。节目开播前，要在新媒体平台发布相应的互动帖子，收集听众的互动需求，及时播出，更好地提高互动的及时性和有效性。在直播过程中，可以利用微信进行更加有效的互动。编辑和主持人应针对主题，精选相应内容，进行深入探讨，更好地使用多元化的沟通交流渠道，以满足更多听众和网友的需求。通过以上措施，可以进一步提高互动效能和节目价值。

以“中国之声”《新闻纵横》节目为例，它可以通过追问式的新闻评论和嘉宾互动等形式，在问答过程中有效地与听众进行沟通和交流。与此同时，其还可以利用微信、微博、网站等新媒体，更加直接有效地与听众进行互动和交流，对社会热点问题和民生事件进行深度评论，从而更充

分地解读当前经济政策、国内外方针等，把握国际重大时政局势。在全方位、多角度的互动沟通过程中，还需要进一步融入信息化技术和相应传播手段，以确保节目的即时性、互动性和有效性。通过采用更多元的互动媒介和传播手段，可以展现广播新闻类互动节目的良好发展趋势，显著提升自身发展动能，充分体现新媒体语境下的发展成效。

（三）着重关注选题方面的科学性和合理性

对广播新闻类互动节目而言，关键是选择合适的话题进行互动和讨论，确保话题具有足够的互动性、深度和趣味性，从而充分展现节目的价值和竞争力。因此，广播新闻类互动节目应选择实际可行的话题，与时俱进，贴近百姓生活，确保选题的科学性和合理性。在加强互动的过程中，还要确保互动话题与听众相关，确保话题关乎人们当下感兴趣的内容，从而充分展现互动的可行性和实际性，并进一步体现该类节目的重要价值。

例如，“中国之声”《新闻纵横》节目所涉及的选题非常丰富，包括政治、经济、时政、文化等方面的新闻内容。在选择话题时，应寻找社会民生和政策方向的焦点内容，话题应符合人们感兴趣和关注的点。此外，在选择话题时还应确保选取的题目具有深度评论价值，应针对重大新闻事件进行深入解答，充分体现新闻评论的时效性和深刻性，在互动过程中加强与听众的联系，使新闻评论更具有价值和吸引力。

《新闻纵横》节目的“特别声音”版块涉及舆论监督问题。该版块主要报道与舆论监督相关的新闻，并配以“纵横点评”，针对社会的不良风气或现象进行评论，进一步体现新闻媒体的公信力、责任感和权威性。该版块的报道时长约三分钟，节目设置和报道比例均充分体现了新闻评论节目的互动性和选题的深刻性。二者的融合进一步增强了该节目的听众黏性并提高其忠诚度。

（四）广播新闻类互动节目中主持人的重要作用和关键地位

对广播新闻类互动节目来说，主持人有着十分重要的作用，在互动的过程中主持人是十分关键的因素。与其他媒体的互动相比，广播媒体的互动具有显著区别。广播节目的互动需要实时进行，往往都是在直播中实现的，这对主持人的综合素养有着严格的要求。主持人必须以新闻事实的传播和清晰的阐述为基础，在表情达意的过程中充分发挥其思辨能力，将思考中的判断迅速转换成口语表达，以体现互动节目的及时性和有效性。在新媒体环境下，主持人需要选择更好的内容和选题，优化互动媒介，发挥自身优势，以呈现更好的效果。主持人要根据自身情况匹配相应节目，进行科学合理的搭配，以确保交流的及时性和有效性，并体现交流的重要性和互动的时效性。主持人还应具备较强的互动技巧，以保证互动的时效性和针对性。在了解和掌握互动话题的背景资料后，主持人应在与听众的互动过程中充分了解和认知听众的观点，并通过自身反应和理解能力，对相关资料进行精准有效的点评。通过深入的对话，让相关内容得到更充分的呈现，如此才能更有效地体现互动节目主持人的功底和文化内涵。

例如，“中国之声”《新闻纵横》节目对主持人的素质有着特别严格的要求，而主持人的作用和效能对于“中国之声”的长盛不衰也有着关键性影响。该节目终身享有“中国新闻名专栏”荣誉，其中主持人的贡献至关重要，如张蕾、陈亮和刘蕾都是十分优秀的主持人。这些主持人在专业技能和综合素质方面表现出色，同时在主持过程中善于进一步追求高度、角度、深度、广度和速度，往往能够从独特的视角对新闻事件进行阐述和评论。在与受众沟通交流的过程中，他们能够更充分地体现应有的职业素养和职业道德。在采访当事人和相关利益方时，也能够把握事件的核心，切入要点。在主持人的综合素质不断得到强化和创新能力不断得到提升的背景下，节目能够创造出更多独家原创报道，远远地领先于其他媒体，这和强大的主持人团队有着十分紧密的联系。

（五）广播新闻节目要凸显地方特色

《新闻纵横》是中央广播电视总台“中国之声”的特色新闻节目，我们在研究学习其发展模式特点时不能照搬照抄。广播新闻类互动节目要凸显地方特色，注重报道地方民生新闻、挖掘地方民俗文化，把地方特色新闻作为自身节目的着力点，开辟常态化的特色挖掘和深入报道。在呈现地方新闻的同时，还要注重地方文化，如习俗、方言等元素的融入，让受众在收听时有一种身在家乡的感觉。此外，要注重广播模式的创新，不仅要把地方新闻、地方特色体现在节目内容里，还要在节目模式创新中融入地方特色，让广播新闻类互动节目在传播地方新闻资讯的同时呈现地方特色。

结语

时下，广播节目的发展转型遭遇重重阻碍。打通与新媒体之间的壁垒并实现转型突围，是所有传统广播媒体必须深入研究的课题。无论在模式上、内容上还是管理上，都需要把握时代脉搏，跟上时代发展步伐。以“中国之声”《新闻纵横》为首的央视广播节目在转型发展上给我们提供了很多可供借鉴之处。广播新闻类互动节目不仅要学习其优点，也需要结合自身的优势，开发地方特色、发动群众智慧、挖掘群众故事，群策群力打造新时代的广播新闻媒体。

此外，新媒体语境下的广播新闻类互动节目，在具体的发展环节中需要充分把握当前的时代背景，进一步明确互动的重要性和必要性。要把握互动的注意事项和基本要求，同时也要切实有效地强化节目主持人素养，充分适应新媒体的发展要求，努力做出像“中国之声”《新闻纵横》节目一样优质的节目内容。

（作者赵慧丽，宁夏广播电视台广播节目中心融媒体发展部主任）

专家点评

“中国之声”：央媒的责任坚守与使命担当

随着自媒体的崛起，与十年前、二十年前相比，深度报道在今天面临很多新的挑战，从事深度报道的记者大量流失或转行，无论是纸媒还是广播、电视媒体，深度报道栏目越来越少，总体上呈式微态势。在这样的大环境下，“中国之声”能坚持做深度报道尤其是舆论监督类的深度报道，并连续多年获中国新闻奖一等奖，本身就彰显了央媒的社会责任、业务能力和使命担当。

第一，坚持新闻理想与情怀。在这些依然奋战在深度报道一线的央媒新闻人身上，我们看到了曾经非常熟悉的新闻理想与情怀，这一点在今天显得弥足珍贵。

第二，一条真正的好新闻产生，还是要到现场去。在互联网时代，尽管我们对新闻现场有了新的扩展，比如网上现场也是现场，但大量新闻现场依然在线下。受制于时效、成本等综合因素，今天能去到现场扎扎实实地做一个报道的记者越来越少。“中国之声”的优秀作品再一次说明，好的新闻作品归根结底是靠记者跑出来的，正因如此，“四力”所强调的第一个力便是“脚力”。

第三，深度报道的选题策划极其重要。一个深度报道从哪个角度切入？围绕一个宏大选题如何推出多篇深度报道？一个深度报道栏目的核心理念和定位到底是什么？这些问题的背后，都需要编辑部有较强的选题策划能力。从“中国之声”的《十年，这里》，我们看到了央媒丰富的选题组织和策划经验。这样的策划，让作品有强烈的时代意识和问题导向，深深打动了读者。

总之，互联网和自媒体改变了太多新闻生态，但总有一些东西是不变的。其中，优质内容的生产，依然是媒体的核心竞争力。“中国之声”的坚持与成功，很好地诠释了这一点，向他们的坚持致敬！

（作者陶建杰，复旦大学新闻学院教授，复旦大学国家文化创新研究中心研究员）

04 深圳广播电影电视集团

深圳广播电影电视集团立足深圳、扎根湾区、面向全国，在移动化传播转型方面取得显著成效：第一，紧扣重大公共事件，运用短视频打好防疫战，在微信视频号上推出《晚安深圳》《深圳新闻发布厅》等特色栏目，在2022年3月—5月的抗击疫情舆论场中占领移动互联网舆论场引导的话语权。第二，深圳卫视立足湾区，原创改版，突出知识卫视、时尚卫视、湾区卫视的特点，为迎接党的二十大而重点打造《图鉴中国》和《湾区子时》等优质原创节目，收视率逆势上扬，首次跻身全国第四、第五，从第二方阵快速进入第一方阵。第三，深圳广电集团民生栏目《第一现场》和广电融媒体中心在国内率先大胆实践“小屏反哺大屏”，积极探索融媒体改革，成效显著。让记者下沉社区，重构生产流程，率先面向移动端发稿，后台编辑整合素材，生成电视播出节目，在深化移动传播过程中实现了经济效益和舆论引导的双提升。

演讲实录

强化互联网思维，实践移动化传播

信息革命风起云涌，百年未有之大变局加速演进，互联网空间已经成为我们党凝聚共识的新空间、汇聚正能量的新场域、打赢舆论斗争的新阵地。新形势下，以习近平同志为核心的党中央始终站在国家战略高度布局新闻舆论工作和媒体改革发展。特别是围绕媒体融合，通过一次次的重要讲话、一份份的重要文件，党中央不仅详细描绘了媒体融合的路线图，也对主流媒体“蜕变重生、破茧成蝶”寄予了厚望。

作为植根于深圳这片改革开放沃土的主流媒体，深圳广电始终积极顺应时代潮流，不断推进媒体融合，建立了以深圳卫视为龙头的全媒体矩阵，打造了“壹直深爱”（“壹深圳”“直新闻”“深视频”“深爱听”）四个主打的新媒体产品，实现全球全网覆盖用户规模近14亿，在融合发展上迈出了扎实的第一步。如今，随着媒体融合进入“深水区”，主流媒体进一步强化互联网表达和移动化传播的“‘破圈’之法”和“‘出圈’之道”在哪里？又如何在移动互联网的舆论场中更充分地发挥主导、引领作用？借此机会，我向大家简要介绍一下深圳广电的探索与实践：

第一，做实“加减法”，以融媒思维变革传统模式，形成“可触、可感、可及”的传播能力。

首先是“加”，加什么？一是加形式，二是加渠道。

在加形式上，我们的生产与传播更加突出互联网思维，强调创新多元方式，实现大小屏融通、多样态产品输出和全媒体传播分发。以2022年初的抗疫报道为例，为了打造高质量的融媒产品，我们打通卫视、新闻、融媒体、广播四大中心的资源壁垒，突破原编制，组建“混成旅”，集中优势兵力推出了系列融媒体大直播《深圳慢生活在一起》和《你好星期一》。这些报道连续8天播出，内容涵盖疫情发布会、新闻专题、实时连线、路况播报、城市慢直播等方方面面，全网观看量近2000万，话题总阅读量近8000万，受到广泛关注。我们还瞄准关键点，不断推出新武器，先后打造了《抗疫日历》系列海报、日更短视频《晚安，深圳》和智能播报音频产品《早安深圳》，充分满足了广大市民的精神需求和信息需求，凝聚了同心抗疫的向心力。

在加渠道上，我们广泛凝聚传播合力，探索主流媒体优质制作、头部平台优化传播的合作模式，努力使全网受众覆盖最大化，有效避免陷入“有产品、无传播”的尴尬境地。近年来，我们推出的《为了人民的美好生活》百场直播，探索了中央媒体与地方媒体联动的新模式；《最美逆行者　三百内地医疗队员驰援香港》首度实现内地媒体和香港媒体跨屏跨境合作直播；先后与头部商业平台联合出品《军迷上车》《人间研究所》《热点早茶》《直说热评》等音视频栏目，实现主力军进入互联网主战场，在牢牢把握话语权的同时，提高了我们在网络空间的传播度。

其次是“减”，就是在内容策划中，转样态、变语态，化繁为简，以更加贴近生活、贴近群众，以更有利于互联网传播的方式放大主流声音。同样是在2022年抗疫报道中，我们大胆突破大屏思维和传统流程的束缚，组建“轻骑兵”，成立短视频生产“突击队”，将“1分钟短视频”的创作和传播作为最重要的发力点。据不完全统计，仅在2022年3月那轮抗疫报道中，我们在20天时间内就累计生产原创短视频近800条，全网阅读量突破10亿次。其中，《落马洲奇迹》《深圳会记得》《一家包子铺的绝处逢生》等全媒体产品，讲真事、叙真情，真正做到了让大流量澎湃正能量。而在2022年8月深圳抗疫期间，我们首创首发的“以更快制更快”“人人做好自己，深圳一定可以”等抗疫引导语深入人心，为深圳打赢疫情防控歼灭战凝聚起了强大力量。

第二，练好“新套路”，以融媒手段赋能内容创新，打造“入情、入脑、入心”的精品力作。

这里的“新套路”，我们认为就是针对移动互联网传播的新特点、新态势，将大小屏的联动和融通、新技术的手段和体验，以及青年人的视角与表达更充分地融入内容的创作生产。在这方面，我们在打造深圳卫视

“湾区特色节目带”的过程中也进行了不少尝试。

比如，我们2022年推出的高端对话节目《大湾区会客厅》，以沉浸式的体验，同国内外热点人物、行业大咖对话，解读湾区发展，获得各方好评。节目单期最高全网播放量突破10亿次，并被列入国家广电总局2022年“奋进新征程”重点专题栏目。我们打造的《图鉴中国：昂首阔步这十年》，着力激活年轻语态，带领粤港澳三地优秀青年代表充分碰撞思想、共话发展足音，成为一档充满正能量、年轻态的主旋律节目，被国家广电总局列入迎接党的二十大十档重点文艺节目名单。我们倾力打造的融屏节目《湾区子时》，不仅以高质量的纪录片生动展现大湾区不舍昼夜的蓬勃气象，更配以系列全媒体慢直播，带领观众沉浸式地感受湾区的“夜间进行时”。而作为我国电视史上第一档电视直播的产品发布会节目，《超级发布会》通过多年沉淀已成长为极具品牌赋能力量的优秀IP。2022年，我们充分整合虚拟现实、AR（增强现实）视效、CG动画（数码化的作品）等先进技术，上线虚拟主持人，对节目进行全面焕新升级，以“TV+互联网”的方式给观众带去了更为极致的视听体验，真正以技术赋能，讲好“中国质造”的故事。

第三，参透“四字诀”，以融媒逻辑改造生产流程，构建“融汇、融通、融合”的全新体系。

目前，在新一轮深化改革中，深圳广电调整组建了全新的融媒体中心，全面负责都市频道、“壹深圳”客户端和《第一现场》等全媒体矩阵的协同运营，迈出了深度打通传统媒体和新媒体资源，构建移动优先、一体化发展体系的重要一步。为了落实好改革任务，融媒体中心当前正牢牢抓住“转、融、活、沉”的“四字诀”，积极推进改革与转型。

所谓“转”，就是加快“转场”，切实提高新媒体内容生产的投入力度。在这方面，一是按照“关、缩、转、创”的思路稳步调整大屏端的内容结构，缩短传统生产链条。二是在原有采编队伍中探索设立短视频剪辑、公众号推送、网络直播记者等新岗位，组建主题短视频创作小组，积极推动主力军进入主战场。特别是在2022年的抗疫报道中，我们将新媒体作为主战场，将采编主力向融媒体传播转场，真正建立并有效运行中央厨房机制（媒体新一代内容生产、传播和运营体系），做到了采编分离，实现多路采写、集中编辑、多元化呈现和多渠道分发。

所谓“融”，就是探索“融屏”，有力促进大小屏融合共生。在这方面，我们以短视频和全媒体直播为抓手，积极探索“大小屏互动，小屏反哺大屏”的内容生产模式。以2022年5月的92小时大直播《防范强降雨　直击第一线》为例，我们首次尝试了以小屏为主阵地来设计产品和编排内容，以小屏内容驱动和支撑大屏整点直播的全新模式，取得非常明显的效果，创下了深圳应急防灾节目直播时长新纪录，实现全网总阅读量超过3亿次。

所谓“活”，就是全力“促活”，加快提升“壹深圳”客户端的活跃度。在这方面，我们在“壹深圳”的发展上将改变区域门户的模式，主打短视频、网络直播和互动服务三大业务板块，打造“好看、好用、好玩”的客户端产品。“好看”，就是围绕城市发展和市民生活，加强功能性、服务性、知识性内容的生产，实现“看深圳事，就上‘壹深圳’”；“好用”，就是发挥“视觉+技术”的优势，积极开发服务城市管理和市民生活的创新功能，实现“办深圳事，就上‘壹深圳’”；而“好玩”，则是通过运营“湾区之眼”城市慢直播、手机动物园、生活服务地图等产品，不断增强用户黏性，实现“享深圳事，就上‘壹深圳’”。

最后，所谓“沉”，就是深入“下沉”，进一步完善“横向到边，纵向到底”的业务体系。2022年以来我们发动记者深入社区，推出《记者基层蹲点日记》《社区圳美好》等全媒体节目，讲好百姓故事；充分发挥新媒体平台优势，走好“网上群众路线”，积极收集并运用市民拍摄的UGC内容，真正让老百姓成为温暖故事的制作者和传播者；同时，推动内容生产和市场经营“双下沉”，积极探索“新闻+政务服务商务”运营的有效模式。

伟大的事业需要始终不渝的精神。在充分发挥主流媒体的主导、引领作用方面，我们依然面临着巨大的挑战，有着强烈的“本领恐慌”，在内容创新、渠道建设、体制机制等方面还有很多问题需要直面和破解。未来，我们只有树立强烈的政治责任感和历史使命感，继续大刀阔斧地深化改革，才能不辱使命，在世界聚光灯下、在互联网环境下，真正讲好深圳故事、广东故事、湾区故事和中国故事，完成这个伟大时代赋予我们的使命。谢谢大家！

（演讲者常颖，深圳广播电影电视集团融媒体中心负责人）

案例分析

数字赋能深圳广电融合转型的实践探索

近年来，深圳广播电影电视集团因应数字变革新方向，积极推进融合转型发展，取得了较好的成效。

拥抱变化——深圳广播电影电视集团数字赋能融合转型的实践探索

哲学家斯宾塞曾说："世界上唯一不变的是变化本身。"因技术而生的传统广电，正面临互联网发展所带来的技术基础、传播模式、发展业态的深刻挑战。特别是在以云计算、大数据、人工智能为代表的数字底座的驱动下，传统广电已经从单向传播走向互动传播，从"看电视"走向"用电视"，从单纯的"观赏"功能走向丰富多元的生活服务功能。在此背景下，如何真正有效抓住用户的感官神经，成为整个行业面对的一个重要课题。对此，深圳广播电影电视集团别无选择，在主动学习行业先进经验的同时，大力尝试探索一条属于自身的融合转型之路。

（一）"数字+内容"，让强网感作品刷爆全屏

信息技术一日千里，但内容为王、创意引领永远是吸引用户眼球的制胜法宝。在加快打造自有新媒体平台的同时，深圳广播电影电视集团想方设法为内容插上数字科技的翅膀、创新创意的翅膀，将"短视频"作为主力军，全面挺进主战场，突破关键点和突围"牛鼻子"，面向抖音、视频号、哔哩哔哩等各类平台，制作推出了大量鲜活产品，产生了一大批叫好又叫座的爆款作品。特别是在庆祝中国共产党成立100周年期间，深圳广播电影电视集团精心策划"光辉杰作"城市光影秀，把党徽打在了天空上。以这一精彩创意为内容制作的短视频一经发布，就迅速引爆转发

热潮，全网话题阅读量突破10亿次，被外媒亲切誉为“中国式浪漫”；在北京冬奥会开幕式当天，深圳广播电影电视集团借助城市先进的无人机技术，创作短视频产品《冬奥时，深圳下雪了》，以“思想+文化+艺术+科技”的流量密钥，再创全网“10亿+”的辉煌成绩；在2021年文博会期间，深圳广播电影电视集团用强大虚拟现实技术打造的短视频《深圳AR奇幻夜》，让“大鹏展翅翱翔南国之滨”同“文博会汇聚华夏之光”交相辉映，令网友广泛共情共鸣，缔造了一段浪漫新奇的“文博会时光”，全网阅读量超过2.5亿次。像这样的爆款新媒体产品，深圳广播电影电视集团还有很多很多。可以说，深圳广播电影电视集团已经在用好用活“短视频”这一关键抓手上积累了越来越丰富的实战经验，也在以数字化赋能宣传思想工作上有了越来越强大的信心和底气。

（二）“数字+平台”，让强识别品牌茁壮成长

平台建设是打造以内容建设为根本、先进技术为支撑、创新管理为保障的全媒体传播体系的根本保障。近年来，集团坚持平台驱动，充分利用云计算、大数据、人工智能等新兴技术抓好平台建设，以一体化融合生产平台推动媒体深度融合。面向媒体融合生产和智慧运营，共投资2.6亿元建成了一个集传统业务与新媒体业务、广播业务与电视业务于一体的融合生产运营云平台——“深爱融媒平台SZiMP”，自主研发了“智能媒资”和“融合传播大数据”两大基础应用，构成了支撑广播电视融合发展的技术底座，基本解决了科技经济“两张皮”的难题。在此基础上，集团先后推出四大新媒体业务平台。其中，旗舰客户端“壹深圳”主要深耕本土新闻和政务服务，力争打造成为政府政务信息发布、主流舆论格局塑造的重要渠道；面向国内国际传播的全媒体品牌“直新闻”，协同《直播港澳台》节目带，全力增强面向港澳和国际舆论场上的话语权、美誉度；互联网电视大屏端应用“深视频”，着力探索大屏端互联网运营模式；旗舰音频客户端“深爱听”，创新“手机端+车机端”两大融合应用场景，延伸服务粤港澳大湾区3000万车主人群。以核心平台和核心产品为依托，有效构建起“电视广播+‘壹直深爱’+新媒体官方矩阵账号”的大小屏联动融合传播新格局，融合传播力持续增强，2022年平台全年发稿量超过30万

篇，累计PV（页面浏览量）超过1.2亿，品牌影响力也得到业界认可，先后获得多项行业大奖。

（三）“数字+产业”，让强动能产品赋能经营

深圳广播电影电视集团立足党的二十大报告提出的“数字中国”战略，积极构建多元数字产业发展新格局，并与“新闻+政务服务商务”、文化园区等业务一道，共同加快经营多元化转型和可持续发展，更好赋能自我造血能力提升，赋能舆论宣传事业发展。重点依托旗下唯一上市平台天威视讯的技术、人才和资本运作优势，加快从传统有线电视主业向新基建、新政企、新商业和新文化“四新”主业方向转变，最终将公司打造成“领先的智慧广电运营商和智慧城市服务商”，目前各项新兴业务势头良好。依托旗下新近整合成立的深广数科公司，采取“场景引领创新发展”的思路，着重聚焦政务、民生、党建等各类便民场景，开发机器人雇员、党史学习教育云平台、新时代文明实践中心平台、全媒体电子哨兵、深圳便民助手等一批高品质科技产品，取得很好的社会美誉和市场反响。依托旗下具有较强虚拟技术实力的天擎公司，加大XR（扩展现实）、虚拟数字人、AI机器人等创新型业务投入，技术研发取得重要进展。成功争取到全国唯一一个文化大数据交易中心落地深圳文化产权交易所，并以此为抓手，充分发挥在场、在线交易平台的优势，为文化资源数据和文化数字内容的确权、评估、匹配、交易、分发等提供专业服务，助力文化强国建设。

把握未来——深圳广播电影电视集团数字赋能融合转型的未来设想

对公众而言，数字化的本质就是人体的延伸，高阶段的数字化就是高度的人体延伸。对媒体而言，数字化的本质就是转型，就是要在新的媒介语境下，实现传播智能化、社交化的高质量发展，最终实现全媒体传播力、引导力、影响力、公信力的跃升。为此，集团立足“双区”驱动、“双区”叠加、“双改”示范重大历史机遇，立足打造“五个典范”工作要求，经过认真思考，也形成了下一步以数字化赋能融合转型高质量发展的基本设想。

（一）卫视引领、内容升级，更高站位服务党委政府中心工作

充分发挥深圳卫视在集团内容创新的“火车头”效应，与深圳的先锋、创新、年轻、时尚、活力等城市定位和城市特质，进行密切结合和深度共融，进一步擦亮“科创卫视、时尚卫视、知识卫视”招牌，更加鲜明凸显“湾区风、双区味、前海潮”的品牌风格，进而带动集团整体内容创新能力的显著提升。大力强化全媒体传播能力建设，重点聚焦时政、民生、娱乐、知识、生活等领域，打造更多更具网感、更接地气、用户更爱看的短视频和网络直播产品。更高站位谋划更多高质量新闻产品，立足深圳在国家发展战略中的重要定位和火热实践，立足“全球视野、国家战略、广东大局、深圳担当”四维空间，在世界聚光灯下，生动讲好深圳故事、广东故事、湾区故事、中国故事，让党的声音更好地传入寻常百姓家。更高要求服务国家战略大局，依托被上级列为对港传播“国家队”的优势，加大对港澳台和国际的传播力度，展现可信、可爱、可敬的中国形象，加快形成同我国综合国力和国际地位相匹配的国际话语权，更好体现深圳“先行示范”城市的积极作为和主动担当。

（二）顶天立地、全网传播，更大力度提升全媒体传播“四力”

所谓“顶天”，就是充分发挥《直播港澳台》系列栏目和“直新闻”的内容、传播和品牌优势，以更丰富的内容和更适于对外传播的语态，不断提升在国际舆论场上的话语权和美誉度，加快提升全球全网覆盖传播能力，打造面向港澳台、东南亚乃至全球发出深圳声音，讲好深圳故事、“双区”故事、港澳台故事、中国故事的国际传播全媒体品牌。“立地”，则是推动集团旗舰客户端“壹深圳”全面焕新升级，立足“深耕本土，辐射全网”的定位，积极推动城市传播功能和政务服务功能的深度融合，推出“城市头条”“服务大厅”“便民广场”和“优品集市”等业务板块，以创新模式打造畅享城市服务的移动门户、促进社会共治的智慧空间、助力产业发展的赋能平台和传播深圳形象的城市名片，探索媒体深度融合和智慧城市建设协同推进、有机统一的“深圳模式”。而“全网传播”则是积极顺应移动互联网的发展特点，突出全媒体传播理念，以客户端同名IP和“深圳卫视”“深视新闻”“第一现场”“民心桥”等品牌为头部，积极发展全媒体矩阵，形成重点培育、抓大放小、分级管理的发展

格局，加快打造3—5个单平台千万级的“官方大号”，在集团层面构建起“造船出击，乘风出海”的媒体融合发展布局。

（三）科技赋能、深度链接，更新理念构建数据驱动型媒体

以“云化、智能化、协同化”为发展理念，将云计算、大数据、人工智能等新技术，融入内容生产、分发、运营等全流程，完善融媒体技术支撑服务体系，全面赋能新型主流媒体建设，推动集团实现由传统广电媒体向非线性媒体、流量媒体、综合服务平台“三个转型”目标。实施融合转型赋能工程，按照全媒体传播体系建设新要求，持续打造自主可控新媒体平台“深爱融媒平台SZiMP”；以“智能媒资”和“传播大数据”应用创新为抓手，全面推进内容、渠道、服务的数据化；以亿万级内容标签数据为纽带，构建地方媒体数据基因和数据闭环，深度链接内容生产运营与社会服务、社会治理，创新融合业务生态，用数据驱动广电媒体融合转型。实施精品创作赋能工程，优化高端制作人才等资源配置，广泛引入三维动画、无人机拍摄、AIGC（生成式人工智能）等数字化手段提升节目制作效果；深化市场机制创新，推进XR虚拟演播室项目建设运营，全面提升数字内容创作能力和呈现效果，以内容科技和应用场景创新促进超高清、XR制作等高端制作业务发展。实施安全传播赋能工程，依循业务互联网化和融合制播系统安全新趋势，以流媒体技术服务平台建设为着力点，持续推进集团制播系统智能化升级，强化网络安全防护能力建设，提升统一监控、风险预警、应急处理、内容审核的智能化水平，构建新型融合制播系统安全服务体系。

（四）固本培元、多元经营，更宽视野培育产业持续增长新动能

互联网的兴起，彻底颠覆了传统电视广播媒体“内容+广告”的经营模式和经营理念。为此，深圳广播电影电视集团将以更加开阔的视野，加快组建“4+1+N”产业格局。其中，“4”就是要打造4个支柱产业，包括数字科技、文化园区、文化展会与文化娱乐产业；“1”就是要夯实1个战略板块，即以天威公司为核心的智慧城市业务；“N”就是要推出N个创新项目，在文化行业潜力赛道上培育新经济增长核。在这个产业格局中，数字赋能产业仍将是集团产业经营工作中极为重要的一环，特别是将聚焦虚拟现实与行业应用融合发展，深耕政务、电竞、直播、影视、党建、旅

游等多元应用场景，拓展虚拟数字人、XR、AI机器人、虚拟数字展馆等多种创新业务，高质高效做大做强集团数字科技文化产业，为集团更好增收增利、培铸强劲动力、激发强大活力。

深圳广播电影电视集团将继续坚定道路自信、理论自信、制度自信、文化自信，坚持高质量发展，以更加勇毅、更加果敢、更加奋发的决心和勇气，以梦为马、埋头苦干、砥砺前行，力争早日将集团打造成为全国一流新型主流媒体以及实力雄厚的传媒文化集团。

（作者尚博英，深圳广播电影电视集团党组书记、总裁）

专家点评

深圳广电：媒体深度融合逻辑下的新闻创新

2006年，“媒介融合”概念被引入国内，新闻业由此开启媒体融合的探索之旅。此后，伴随着互联网技术的高速发展，以及国家政策的加持，媒体融合实践得以不断推进。2020年，中共中央办公厅、国务院办公厅印发《关于加快推进媒体深度融合发展的意见》，标志着中国媒体融合实践开始步入“深水区”。

深圳广播电影电视集团正在进行的移动化传播转型，实质是在媒体深度融合逻辑下展开的新闻创新实践。无论是传播形式与渠道的“扩容”，全媒体矩阵的建构，传播语法与样态层面的“化繁为简”，虚拟现实、AR视效、CG动画等融媒手段的整合化调用，还是基于原创短视频和全媒体直播的“双轮驱动”，或是逐步形构的“大小屏互动，小屏反哺大屏”内容生产模式，均可视为深圳广电新闻创新实践中的重要一环，无不浸润了媒体深度融合的基本理论，亦即以互联网思维优化资源配置，以融媒手段赋能内容生产，强化“一体发展”与“移动优先”的有机融合，从形式、内容、渠道、机制四个维度探寻数字时代主流媒体新闻创新的进路。

考察当下中国媒体融合的进程，中央媒体、省级媒体、市级媒体和县级融媒体中心四级融合发展布局已经完成，国家对新型主流媒体建设的重要意义、目标任务、工作原则也在制度层面予以确认，业界亟须不同层级媒体提供融合实践的微观经验。从这个意义上说，深圳广电基于媒体深度融合逻辑展开的数字化转型实践确实提供了一种具有新闻创新意味的经验，或许也是未来媒体深度融合的一条可能路径。一切交给时间！一切交给实践！

（作者刘勇，复旦大学新闻学院教授、博士生导师，复旦大学全球传播全媒体研究院研究员）

05

江苏省广播电视总台（集团）“荔直播”

“荔直播”是江苏省广播电视总台（集团）精心打造的原创融媒体内容产品，由“电视直播+网络直播+短视频”组成，覆盖了电视端（江苏卫视、江苏公共新闻频道），以及互联网端（荔枝新闻、我苏网、“江苏新闻”微博、微信公众号、百家号、今日头条号、抖音、快手等），大小屏积极互动，融合矩阵传播。其中，在新冠疫情期间，“荔直播”推出的9秒短视频《江苏省委书记进村检查疫情被拦下》引爆全网，被人民日报等多家央媒转载，登上微博热搜榜前三名。“荔直播”荣获中国新闻奖等多项大奖。

演讲实录

“荔直播”——传统广电媒体的融媒体创新

各位专家和媒体同行们，大家下午好！感谢中国新闻史学会应用新闻传播学专业研究会对我们工作的认可，也非常荣幸能有机会在这里跟各位专家、同行分享我们在媒体融合探索中的些许经验。

“荔直播”是江苏省广播电视（以下简称江苏广电）总台新闻中心于2017年创立的短视频和直播品牌。“荔直播”依托江苏广电主流媒体优势，整合电视、广播、网络等多端资源，重点发力新媒体领域，实现电视屏幕与手机屏幕融合传播。运营5年多以来，“荔直播”共生产短视频内容3万余条，推出直播1000余场，直播和短视频总点击量达245亿。2022年以来，优质稿件被江苏省委网信办省内推送600余条；中央网信办全网推送10条。

网络直播追求创新

目前，“荔直播”内容矩阵（包括微博、微信、抖音、快手、头条等多平台）粉丝数接近2000万。在网络直播方面，我们有几方面的创新和突破。

（一）视频直播移动化

“荔直播”于2017年4月29日通过网络直播全球瞩目的特技飞行赛事“郑州全球特技飞行群‘鹰’会”而正式上线。在这场赛事中，“荔直播”首次以网络直播为主要传播途径，采取大时段直播的形式，为受众呈现了一场别开生面的高空竞技比赛。在这场直播中，“荔直播”突破了传统电视思维的桎梏，克服了多重技术困难，直播记者站在机翼上为受众带来了12个高空高清视角的视觉体验。

从此次直播开始，江苏广电大规模地把直播主场由传统媒体转向了网络平台，并以此为契机拓展了其他网络媒介，如开通了“江苏新闻”的官方微信公众号、微博号，以及“荔枝新闻”客户端、企鹅号等网络平台。

我们的网络直播也并非单一形式的单打独斗，而是创新性地实现了“一源多屏”的跨媒介直播。我们打通电视大屏幕和移动终端小屏幕之间的技术壁垒，在电视、网络平台和移动终端等多平台跨媒介互动，从“大屏约会”到“小屏伴随”，形成了全方位的立体报道方式。直播前，通过各平台直播预告和短视频预热，让用户对直播事件有初始印象。直播中，电视栏目与网络大时段直播展开并机、穿插互动，并实时进行短视频混剪，以图文互动引流的模式展开碎片化信息的补充传播。直播后，精选优质内容编辑成短视频再度传播。这样的方式，有利于使传统媒体和新媒体的平台资源实现最大化共享，不仅巩固了传统电视用户，更有效地吸引了网络用户，并且在同步直播中提高了受众的互动性与参与度。

（二）移动直播常态化

“荔直播”重视对题材的常态化把握，新闻性、权威性、贴近性是我们选题的重要依据。荔直播的选题主要有以下八类，分别是：

（1）时政类。如《两会人大代表抵京》《国之祭·南京大屠杀死难者国家公祭》《最是橙黄橘绿时——走进乡村看小康》《我为你而来——助力脱贫攻坚公益网络直播》等。

（2）突发事件类。如《直击南京暴雨袭城》《一起追风，“荔直播”带您pick最全台风知识》等。

（3）民生执法类。如《“荔直播”多路记者直击抓“老赖”》《江苏交警战高温执勤执法》《拒绝酒驾，平安回家》《严查“百吨王”》等。

（4）服务类。如《捕虫特攻队》《名医问诊系列直播》《护航消费安全》《直击春运，幸福回家路》等。

（5）热点新闻类。如《江苏高招本一批次发布会》《无锡鼋头渚夜樱观赏》《超级蓝血月全食》《直击考古现场系列》等。

（6）地方特色类。《直击南京民办“幼升小”》《万人打酱油，有滋有味幸福年》《金鸡湖龙舟赛》等。

（7）时尚赛事类。《郑州全球特技飞行群“鹰”会》《8天川藏极限挑战赛》《飞跃额尔齐斯河》《“枪王之王”大对决——南京特警警营比武》等。

（8）粉丝互动类。《“荔直播”金牌粉丝嘉年华》《“荔直播”粉丝节》《我是农业小小科学家》《“今天我是小交警”夏令营》等。

在各类选题中，不得不提的是我们对时政类重大主题报道的网络直播尝试。重大主题宣传以系列报道的形式呈现是媒体采用较多的报道手段，一般会持续一段时间在相对固定的新闻栏目中连续播出，形成长时间的舆论宣传氛围。而新闻直播注重通过记者在第一现场对自身视觉、听觉、嗅觉、触觉等感受进行描述，以及通过相关镜头语言来实时直观地展现场景，具有强烈的现场感和真实性，更能吸引受众，也更容易引发超强震撼。“大时段直播”则兼采众长，对某一重大主题在一个特定时间段内进行集束式展开，不仅有直播的第一现场，即反映特定事件的特定现场，更有新闻背景的链接和深度挖掘。

比如在党的十九大报道中，“荔直播”就对江苏省出席党的十九大代表抵京的现场进行了网络直播。2017年10月16日下午，出席党的十九大的江苏省代表抵京。以往这类代表抵京报道大多是一条在联播类新闻中播发的消息，而这一次，我们决定第一时间进行网络直播，直播的时间、地点就选在党的十九大代表从北京站前往驻地的大巴车上。江苏省党的十九大代表是哪些人？他们的精神面貌如何，谈吐怎样？面对习近平总书记所要求努力建设“强富美高”新江苏的期望，他们有什么思考？他们将带着哪些问题上会，用什么样的信息跟其他代表交流？这一系列问题本身就足够引起网友的兴趣。

在22分钟的网络直播中，记者利用前往驻地的大巴车这个特定场景，通过解说、采访、与代表拉家常等方式抛出问题。这一方面展现了在党的十九大期间江苏省代表们的风采，另一方面满足了网友的好奇心。这场直播实时展现了代表们的状态：有的代表对着镜头比出“V”的手势，有的代表“略显紧张”，有的代表“长篇大论”……这让以往在电视节目里正襟危坐的代表形象发生了变化，瞬间拉近了他们与网友的距离。同时，网友可通过一镜到底的画面信号，看到大巴车驶过天安门、开过北京二环的情景。可以说，媒体通过网络直播手段，将镜头两边的“心”连在了一起。党的十九大报道因此既见了高度，也接了地气。整个大会进程中有关代表、会议、参政程序等元素由神秘变为透明，从幕后走到台前，让网友对党的十九大这样一个在中国社会发展中起着重要影响作用的政治会议有了更多直观了解。

据统计，22分钟的直播吸引了各平台累计210多万人次观看，不少网友纷纷留言，为江苏省代表们点赞，期待他们继续有好的表现，在大会上传递基层好声音。这一实践表明，重大主题报道的跨媒介直播不仅没有引发排斥反感，其带来的新鲜感、有益尝试，还有利于提升受众对重大新闻事件和重大活动的了解、接受、认知，从而将大主题以小切口传达给大家，有效吸引民众兴趣，让高高在上、深奥艰涩的重大主题报道有了“烟火气”，也通过增加网络点击量大大提高了媒体对主题内容的宣传力度和节目影响力。

（三）常态直播品牌化

在常态化的直播中，我们在“荔直播”这一主品牌之下，通过项目化运作打造了诸多有影响力的集束式宣传子品牌。比如，“省政府发布会”系列、“名医问诊”系列、“我为你而来”系列等。此外，通过系列标题、特定海报样式等形式让子品牌具备各自的识别特征，让网络受众看到标题海报就能知晓此场直播的大概内容方向，增加点播率，也让受众对该系列的后续内容有了期待，增强了受众黏性。

比如我们在2019年推出的“我为你而来”系列。2019年是打赢脱贫攻坚战的关键之年，“荔直播”也应时而动，启动了新项目——助力脱贫攻坚公益网络直播“荔直播·我为你而来”。该系列直播不是仅聚焦江苏省，而是扩展到全国各地有江苏元素的重点扶贫地区。在将近一年时间内，我们的足迹遍布陕西、贵州、云南、青海、新疆、河北等地，重点聚焦低收入人口、经济薄弱村、重点片区，担任起扶贫故事讲述者和扶贫资源连接者的角色，帮助各扶贫农产品项目扩大知名度，推动实现小农户同大市场的有效对接。时任江苏省委书记的娄勤俭在苏陕扶贫协作高层联席会议上，专门为“荔直播·我为你而来”系列直播点赞。

短视频传播是“荔直播”品牌的另一个重要方面。经过几年的探索，我们对打造爆款短视频也有一些自己的心得体会。打造爆款是每一个新锐短视频品牌的追求，也是扩大媒介影响力的重要途径。2022年，“荔直播”已产出200条登上全国热搜榜、40多条播放量超千万的爆款短视频，其中不乏话题阅读量5.9亿次、播放量9400多万的爆款。而在2021年，“荔直播”共推出播放量“百万+”的短视频680条，播放量超千万的94条，超五千万的5条，单条最高点击量（《特斯拉司机早高峰开自动驾驶脱把睡觉》）达1.35亿次。

打造爆款注重策略

如何打造爆款？以下几个方面也许可以借鉴：

第一，要具备五要素。

（1）看点，能够吸引受众眼球。

（2）爆点，能够勾起受众转发的欲望。

（3）热点，具有话题性，是受众关心的内容。

（4）情绪点，具备情绪传播要素，比如燃点、泪点、喜怒哀乐点等。

（5）槽点，具有一定的评论价值。

第二，要有高效率。

咨询类短视频更强调唯快不破。为此，制作团队三个方面的能力至关重要。一是快速采访突破的能力，要能第一时间拿到素材，第一时间采访到核心当事人；二是快速剪辑制作的能力，要能在最短时间内制作成片；三是有高效合理的分工协作流程，采写编发的各个环节都要能第一时间响应。

第三，要会巧制作。

首先，巧制作需要起一个好的标题。好的标题是成功的一半甚至更多！因为传播环节和样态的变化，网络短视频的标题和传统新闻稿的标题有一定的区别，要一目了然地将重点前置，要小切口有细节，要有数据有参照，还要会跟热点巧用流行语。我简单举两个例子。比如一条原电视播出标题是“连续熬夜加班，29岁小伙突发中风”的新闻，我们改编成短视频后，把标题改为“小伙连续熬夜加班致急性脑梗死：每天只睡3—4

个小时”。再比如一条原标题为“15岁男孩打赏网络主播，半月花了9万多”的新闻，我们的短视频把标题改为“主播怂恿15岁男孩半月打赏9万多 父亲：我们夫妻一个月赚不到1万”。哪个标题更好？大家可以自己体会。

其次，巧制作还需要头1秒定生死。舍弃不必要的铺垫，把精彩现场、感人瞬间、争议对白、反转悬念放在最前面。

再次，巧制作要求内容简明。在单位时间内不要输出太多信息，一个视频只突出一个或两个新闻点即可。要降低观众的认知门槛，文字要简短明确，不用生涩词语句子，关键词应放大和突出。关键细节要圈出、加注释、放大或慢放。

最后，巧制作里，BGM（背景音乐）至关重要。画面是认知入口，声音是情绪入口，要用画面抓住眼球，用声音带动情绪。

旗帜鲜明守住底线

不论是网络直播还是短视频，有一个要点是必须遵守的，那就是要旗帜鲜明地守住传统媒体的底线。现在一些媒体为了在网络上求快抢首发，常用“网传视频显示”“网曝××”“网友说××”等标题或文案，甚至成为纯粹的搬运工，不加求证与核实，经常造成反转，还有一些舆论导向、价值观不正确的网络内容也经常出现。这样做，也许短期内会吸引来一些目光，但长远来看既伤害了媒体公信力，也破坏了整个网络舆论的生态。

以上就是“荔直播”在融媒体传播探索中的一些小经验，希望我的分享能给大家带来一些启发。再次感谢评委给予我们这项荣誉，这既是对我们的鼓励，也是鞭策。“荔直播”会在媒体融合创新探索道路上继续前进，希望大家持续关注“荔直播”，谢谢！

（演讲者刘磊，江苏省广播电视总台融媒体新闻中心直播部制片人）

案例分析

“荔直播”：主流媒体如何重塑传播力

随着全媒体的不断发展，自媒体时代碎片化的传播特征愈加凸显，主流媒体的传播效力不断被稀释，我国的新闻舆论工作面临新的挑战。习近平总书记提出，“我们要因势而谋、应势而动、顺势而为，加快推动媒体融合发展”。对于主流媒体而言，顺应时代，以“媒体融合”破局，抵御自媒体时代的种种危机，是它们重塑自身传播力的必由之路。自人民日报打造中央厨房以来，广电行业也纷纷投入到全媒体传播渠道和方式的探索，其中，由江苏广电总台于2017年4月重磅推出的新媒体品牌栏目“荔直播”取得了不俗的反响，一时成为行业标杆。“荔直播”的成功，为主流媒体融合发展、重塑传播力量做出了杰出示范。

移动优先，破局入局关键

“荔直播”推出后，在荔枝新闻客户端等总台自有平台，微博、微信、企鹅等公众平台以“江苏新闻”“荔直播”账号进行常态移动直播与短视频发布。截至2019年12月，“荔直播”微博粉丝已突破1000万，微信公众号粉丝500多万，共计直播300余场，腾讯视频上显示发布视频1.1万余条，总点击量向100亿大关冲刺。与此同时，“荔直播”受到了业界一致认可，常驻“江苏最具影响力企鹅号”榜首，获得“江苏省新媒体应用创新奖”、2018年度“江苏省媒体融合优秀作品奖”，并入围第二十九届“中国新闻奖媒体融合奖”，在微博视频机构榜单、央视新闻移动网矩阵号榜单中始终名列前茅。

“荔直播”何以能一炮打响？这就在于对“移动优先”理念的深刻理解与成功实践。“移动优先”是主流媒体构建全媒体传播途径时提出的首要策略。当前，新媒体技术的发展推动信息接收者的身份从“观众”向“用户”转变。大众不再是坐在电视机前被动地接受信息传达，而是可以自由选择多种信息获取途径。手机、平板电脑、PC（个人计算机）成为人们获取信息的首选，微信、微博、客户端紧紧抓住了受众的视听需求。快节奏的生活导致“大屏相约”的机会越来越少，受众越来越习惯于“小屏相伴”。为此，“移动优先”自然成为传统广电媒体融合发展的题中应有之义。

然而，“移动优先”并不是将电视端播出内容原封不动地平移到以“两微一端”（微博、微信及新闻客户端）为代表的新媒体端，也不是片面地追求刊发速度而不仔细甄别新闻真假、不把关新闻品质，在新媒体端抢发、首发，将“移动优先”转为“移动至上”的绝对论。上述情况都未能理解“移动优先”的深意，未能正确处理好传统媒体与新兴媒体的关系。“移动优先”的出发点在于不舍弃传统媒体优势阵地，同时借力新媒体入局新的传播格局与媒介生态，实现传统媒体与新媒体的融合质变，放大一体效能，产生“1+1＞2”的效果。两者应共荣互生，组成新的传播矩阵，协同发力，抢占舆论宣传阵地。而这正是诸多主流媒体融合创新之路无法更进一步的症结，也是“荔直播”破局的关键所在。“荔直播”不是简单地将“移动优先”理解为优先在移动端发布，而是在理念上确立以移动思维把控整个新闻输出流程，实现从媒介融合到内容融合。“让‘移动优先’真正成为每一个管理人员与新闻采编人员的自觉意识”，是融合中心对制作团队的明确要求。

一源多屏，媒介融合倒逼内容融合

“荔直播”在“移动优先”的理念下，对传统电视采编进行了全面改革，尤其在内容制作过程中注重提高与融媒体传播方式的契合度，优先考虑在新媒体端的呈现，打造了“电视直播+网络直播+短视频”的全覆盖传播模式，率先在业内实现了“一源多屏”的成熟发布流程。

总体而言，“荔直播”遵循先网络直播后电视节目播出的模式，但这一模式并非一成不变。电视直播、网络直播与短视频三者相互配合，灵活变通，在“移动优先”“一源多屏”制作理念的统筹下，由“媒介融合”

倒逼“内容融合”。“荔直播”一源多屏的成功实践，催生了融合质变，放大了一体效能，在以下几方面值得借鉴：

首先，在“一源多屏”的“多屏”上，电视直播、网络直播与短视频灵活配合，收获叠加效应。“荔直播”电视直播、网络直播与短视频的发布顺序并非恪守成规，一味追求新媒体发布抢占先机。在融媒体中心的统一调度下，传统电视频道会充分考虑网络直播的时段，在恰当的时间插播连线直播信号，这既实现了网络直播与电视新闻的同步，又增强了新闻报道的现场感。而在一些重大、突发事件报道中，“荔直播”在时效性要求下会先制作短视频在“两微一端”上发布，条件成熟后再及时用网络直播跟进报道，最后对所有素材加工整合，以更加全面和精确的视角在电视新闻上再次发布。例如对“3·21”响水化工企业爆炸事故的报道中，“荔直播”独家发布的《航拍视频：盐城响水3·21事故现场》等短视频，第一时间将现场情况向外播布，为公众了解事件真相及进展率先打开了窗口。这类短视频迅速收获百万点击量，被各大新闻网站争相推送。而在其他一些新闻报道，如体育赛事、城市救援、民生执法等题材中，运用最多的还是直播先行、短视频随后的模式。在内容策划时有意识地寻找、设置事件爆点，在直播当中加以突出，经过剪辑加工后以短视频的形式呈现，这种操作实现了内容的多次分发，更加精准地对接了用户的需求。在此精心设计下，“荔直播”发布的短视频普遍质量较好，点击量更是屡创新高，多条视频被广泛转载后达到几百万的点击量。

其次，在“一源多屏”的“一源”上，“荔直播”充分利用江苏广电总台的平台优势，将政务资源纳入直播题材。从2018年起，“荔直播”开始对省政府发布会、省高招新闻发布会进行常态化独家发布。2018年6月，平台上线江苏首档大型改革政策解读节目《黄金时间——改革政策e解读》。2019年3月，节目《政风热线》上线，该节目邀请各政府部门领导用网络直播的形式现场回应群众诉求，直播过程中，观众可以在评论栏实时互动。

最后，“荔直播”大胆探索主题报道新模式。新闻媒体的一项重要职责是通过主题报道传达党和政府的声音、传播正能量。“荔直播”一方面利用先进技术开创了“大时段特色直播”的新模式，另一方面充分利用短视频“短平快”的轻骑兵优势，进行“短视频主题报道”的新尝试。以往的主题报道往往采用系列报道的形式，一般会持续一段时间在相对固定的新闻栏目中连续播出，形成长时间的舆论宣传氛围。而“荔直播”则以大时段的特色直播吸引了众多受众，取得了良好的传播效果。比如《国之祭·南京大屠杀死难者国家公祭日》，这次网络直播形式新颖，当天的直播以主持人串联并访谈控制节奏、三组徒步记者随行报道、一组记者现场报道还原历史的形式展开。在和平徒步活动出发点设置的现场直播间内，主持人与受邀嘉宾现场讲历史、谈变化，不断深化“铭记历史，珍爱和平”的主题；三路直播记者跟随徒步队伍共同寻访；随行记者现场直播徒步实况，直播中还穿插采访南京大屠杀幸存者、南京安全区建立者后人克里斯·马吉以及南京市民代表，完成了一场跨越81年的对话。当晚的《江苏新时空》《新闻眼》《新闻360》等新闻栏目对徒步活动进行了新闻报道，“一源多屏”的全媒体直播与报道，取得了上佳的传播效果。此外，“荔直播”灵活运用短视频形式，打造新闻热点，形成聚焦效应。“荔直播”于2018年推出的《奋斗在“一带一路”》，将整条新闻切分成11个点，每个点涉及一个人物，每个人物分别以一条短视频呈现。其中《网红水泥厂的中国“魔术师”》以关键词“中国速度”“中国魔术师”迅速登上微博热搜榜，仅用3天，点击量就破千万。

品牌打造，增强用户“约会”意识

在传播生态纷繁复杂的时代，用户一打开网络，就面临着海量信息的轰炸。用户争夺成了现今传播格局下一个空前激烈的战场。要想求得生存，主流媒体必须提升自身的辨识度，打造受众“熟悉的声音”，培养用户的“约会”意识（用户黏性）。对于正急于探索融合创新之路、重塑自身传播力量的主流媒体，从传统品牌走出来，树立全新品牌调性，完成融合时代的华丽转身，是其当务之急。

当然，品牌树立的前提是要有过硬的内容生产能力。只有稳定的质量输出，才能培养用户对品牌的信任感，但内容生产只是品牌打响的必要条件而非充分条件。若无有意识的品牌宣传，要用户保持对品牌的记忆则难上加难。一个存在感不强的IP，最终会拖累内容生产的变现能力和生存空间，进而打击内容创新的积极性。从“荔直播”的传播表现来看，江苏广电融媒体新闻中心非常注重“荔直播”的IP打造。

首先，“荔直播”借用了原有的电视品牌开路。在正式上线前，江苏广电采用台网直播的形式为品牌预热。江苏广电融媒体新闻中心旗下的“两微一端”对直播节目进行预告，使“荔直播”做到“未闻其声，先见其人”。除此之外，台下的其他频道和窗口也以宣传片和预告的方式参与宣传。在各档新闻节目中，主播以口播等方式对直播相关信息进行播报；在网络直播过程中，中心注重在电视新闻直播中适时连线网络直播信号，增加“荔直播”的出镜率。记者在连线过程中会有意识地声明，强化“荔直播”的品牌概念，并在直播中预告将在电视整点新闻中直播连线等，吸引观众打开电视机收看直播。在电视连线结束后，电视频道还会以“口播+字幕+二维码”的形式对网络直播进行宣传。传统电视还充分发挥编辑功能，及时整合直播内容和后续看点，为“荔直播”持续造势。两个平台相互预告，看似分流，实则形成聚合传播效应。

其次，在“荔直播”中，出镜记者的人设借鉴了网络直播平台上“网红主播”的概念。“荔直播”充分考虑直播主题与出镜记者的契合度，同时让记者有意识地在直播过程中及时与留言网友互动，并注意网络直播语言与电视直播语言的切换，努力打造具有标志性的“荔直播”门面担当。此外，“荔直播”还注重引发轰动效应。其第一场直播选取的题材是“郑州全球特技飞行群‘鹰’会”，该题材本身就颇耐人寻味——飞行特技表演向来是极具观赏性和话题性的活动，以此为首播内容，容易在瞬间抓住观众眼球。而在接下来的直播过程中，这一意图则体现得更加明显。在对飞行特技进行直播时，“荔直播”团队舍弃了传统的直播套路，别开生面地派出记者站在惊险的飞行机翼上，体验高空飞行特技。这种直播行为本身就是一场华丽的特技表演，成为引爆话题的一个看点。从以上种种行为可见江苏广电融媒体新闻中心在打造“荔直播”品牌效应上的用心良苦。

内容为王，坚守主流媒体担当

传统媒体的优势在于体量庞大，人力、物力充足，因此节目制作精良，善于把握严肃宏大的新闻内容。传统媒体对政策的精确解读、对舆论宣传的正面导向以及颇具威慑力的监督功能都是新媒体难以比拟的。“荔直播”始终坚守作为主流媒体的责任和担当，积极响应习近平总书记“牢牢占据舆论引导、思想引领、文化传承、服务人民的传播制高点”的号召。

在舆论引导与思想引领方面，“荔直播”对时政类以及民生执法类新闻用力最多。时政类（重大主题）新闻包括《两会人大代表抵京》《政府扶贫领域直播》《国之祭·南京大屠杀死难者国家公祭》等。在此类新闻中，“荔直播”致力于深度挖掘直播主题，精心制作新闻内容，灵活采取电视直播、网络直播、短视频等多种手段，对报道对象进行全息化立体呈现。在《两会人大代表抵京》的新闻直播中，“荔直播”登上了江苏省人大代表团巴士，直接在车厢内对代表们进行了直播采访，在未经预演、非常生活化的场景中展现了代表们最真实的状态和风采，这在以往是不多见的。传统媒体习惯用严肃宏阔的镜头语言来报道人民代表大会，但主流舆论形成的强大能量场容易给受众带来距离感——虽然旗帜鲜明，但“程式化”的意识形态话语多少容易令受众产生视听疲劳。这是由人的视听习惯决定的，人的视听神经总是容易被陌生、新奇的对象吸引。因此，“荔直播”创造性地将直播镜头移入代表们的车厢内，跟随着直播镜头，观众与记者的身份发生融合，仿佛置身其间与代表们面对面交谈，取得了意想不到的效果。据统计，22分钟的直播吸引了200多万人观看。

“荔直播”的民生执法类节目也是其一大特色。2018年7月的《“荔直播”多路记者直击抓“老赖”》是一场大直播行动。团队派出八路记者，进行十小时的超长时段网络直播，合作单位包括十几家法院、六十多家媒体。此次直播率先实现“双屏同步直播”，形成极大的受众覆盖面，对于“老赖”以及不诚信行为形成了强大威慑，为诚实守信营造了一个气氛浓烈的舆论场。在《尽享世界杯·切莫酒生悲》的抓酒驾直播中，团队三路记者，分赴南通、南京、盐城三个有代表意义的城市，跟随警方对酒驾毒驾行为进行突击检查。本场直播让普通大众跟随直播记者的镜头，从执法者的视角感受酒驾毒驾检查现场的紧张气氛。这种方式可以加深普通民众对执法民警的理解和尊重，拉近警民距离，树立执法者光辉正义的形象。同时，直播酒驾毒驾的危害、被查处者在现场的悔恨与窘态，可以对民众起到警示作用，引导社会形成良好风气。其中一些具有话题性的片段还会被剪辑成短视频进行二次传播，强化宣传效果。

“荔直播”在文化传承和服务人民方面也持续发力。2019年，“荔直播”携手南京博物院，重磅推出《荔直播@南博讲坛》节目，在地域文明深处与不同地域、不同时空进行文明对话，串联中国古代文明发展史。在服务人民方面，“荔直播”有《黄金时间》专门为民众解读改革政策；还有《政风热线》邀请政府部门负责人在直播镜头前直接与民众对话；更有《我为你而来》直接助力扶贫攻坚战，该节目深入扶贫第一线，实地采集贫困地区扶贫故事；借鉴网红带货，利用直播对贫困地区农副产品进行宣传。“荔直播”不仅帮助销售，而且联合物流、农科专家等为扶贫对象排忧解难，为扶贫对象提供全方位服务。现在，“荔直播”微信公众号上专门开设了“扶贫优选”店铺，里面有来自扶贫地区的各种农产品，开创了主流媒体网络扶贫新形式，受到了时任江苏省委书记娄勤俭的亲自点赞。

结语

值得注意的是，“荔直播”在融合实践中始终保持了严肃性与趣味性的统一。虽然它早期策划的主要题材是体育竞技、时尚赛事等，但这只是品牌打响初期获取观众注意力的策略性选择。事实证明，这一策略的选取收获了良好的效果。在品牌树立起来后，“荔直播”开始回归传统媒体对严肃题材的偏爱，如社会类、监督类、时政新闻类等，但这种回归并不代表回到原点。这些内容在“荔直播”“移动优先”理念的改造下，变得严肃又不失亲切、有趣又不致低俗，易于为广大受众所接受。“荔直播”的成功实践表明，主流媒体完全有能力通过媒介融合重塑自身传播力。

［作者成玲玲，中国石油大学（华东）宣传部副编审］

专家点评

以直播为突破，让大小屏互通互动

江苏广电总台新闻中心“荔直播”以直播为突破口和发力点，打通电视大屏幕和移动终端小屏幕之间的技术壁垒，在电视、网络平台和移动终端等多平台进行跨媒介互动，从“大屏约会”到“小屏伴随”，形成了全方位、多媒介组合的报道方式。

无论是时政类、突发事件类、民生服务类还是地方热点类、赛事活动类的直播选题，在直播前，“荔直播”通过各平台直播预告和短视频对重大新闻事件进行预热；在直播中，电视栏目与网络大时段直播展开并机、穿插互动，并实时进行短视频混剪，以图文互动引流；在直播后，把精选优质内容编辑成短视频再度传播。运营5年多来，“荔直播”共推出直播1000余场，生产短视频内容3万余条，直播和短视频总点击量达245亿。2021年，“荔直播”共推出播放量“百万+”的短视频680条，播放量超千万的94条，超5000万的5条，其中单条最高点击量达1.35亿次，这说明“荔直播”在打造爆款短视频、放大媒介影响力方面已经积累了独到经验。“荔直播”充分发挥传统媒体和新媒体平台的资源优势和技术优势，把移动直播常态化、品牌化，实现了大小屏的互通互动，提高了受众的互动性与参与度，为传统广电媒体的融媒体传播实践探索出一条创新之路。

（作者徐慨，南京大学新闻传播学院教授）

06

银川市新闻传媒中心

银川位于我国西北内陆，在全国省会级城市地区生产总值排名中常年靠后，但这个欠发达地区的媒体早在2016年底就完成报纸、广播、电视的整合，成为全国省会级城市中率先实现跨媒体整合并运营的传媒集团。2016年4月，宁夏银川市整合银川日报社、银川市广播电视台，组建银川市新闻传媒集团。经过半年多筹备，当年12月，银川市新闻传媒集团揭牌，构建起覆盖报纸、电视、广播、网站、新媒体五大平台的“5的N次方全媒体传播体系”。银川传媒集团进行了体制机制的改革创新，真正实现了组织架构的全新调整和流程再造。经营方面，传媒集团组建后，整合分散的经营资源，成立银川市新闻传媒发展有限公司，积极探索“媒体+产业”融合的新模式，并致力于发展“新闻+政务+商务”和“媒体+产业+企业”的运营模式。

演讲实录

融之变革、破局与实效

——银川市新闻传媒中心跨媒体融合传播实践

各位嘉宾，各位朋友，大家下午好！很高兴也很荣幸这次能够获得2022年度中国应用新闻传播十大创新案例这项殊荣，感谢学会，感谢组委会，对我们来说，这既是认可，也是鞭策。接下来，我就以银川市新闻传媒中心跨媒体传播实践为主题，与大家做一个交流共享。我会从三个方面进行阐释：融之变革、融之破局、融之实效。归根到底，即“我是谁”“我从哪里来”“我到哪里去”这个亘古不变的话题。

融之变革

通俗地讲，变革就是架构重建。2012年起，银川市开始探索跨媒体融合之路，经过大量考察和深度分析，认为当时并不具备这个条件。2015年，银川日报社完成“两报一网”融合，实现了一次采集、多种生成、多元传播。时隔一年后，大融合变为现实，2016年，原银川日报社和银川广播电视台重组，合并为银川市新闻传媒集团，2022年更名为银川市新闻传媒中心。

银川市实现的是全媒体大融合，融合首先要提出一个理念，即构建“5的N次方全媒体传播体系”。“5”是指5种媒介，包括报纸、电视、广播、网站、新媒体，“N次方”就是每种媒介延伸出N个平台，同时裂变出N次方的传播效果。

接下来，就是很现实的架构搭建问题。我们摸索的融合流程是这样的，从机构到人员到平台到观念，可以说其中非常关键、非常困难的部分是人的观念。从融合之后的架构图可以看出，我们分为四个分支：新闻采编、全媒体技术、行政后勤和市场运营，其中最大的一个分支是新闻采编，包含采集中心和不同的编辑部、质管中心、质量考评中心等13个部门；全媒体技术包含技术运维、技术研发、数据中心等；行政后勤是不可或缺的一个分支；而市场运营随着媒体融合的深入推进，由若干子公司组合成为传媒发展公司。

我们的传播流程和各媒体的传播流程一样，从全媒体采集到全媒体生产到全媒体发布，从平台来看，先是端、微、抖、客户端，然后是网站、广播，最后到电视、报纸，可以说是从“快”到“深”的进程。

图6-1是银川市新闻传媒中心的总体传播格局，这张架构图是另外一种比较直观的体现，全媒体融合传播包含三大块。第一，全媒体采集，包括收集研判、指挥调度、加工分发等过程。第二，全媒体发布，包括电视、报纸、广播、手机App客户端、电脑网站PC端、抖音、视频号、头条号等。第三，全媒体产品，包括文字、图片、视频、航拍、VR、海报、动漫、H5等。总体传播格局实现了全平台一次采集、多种生成、多元传播，实现优势互补。

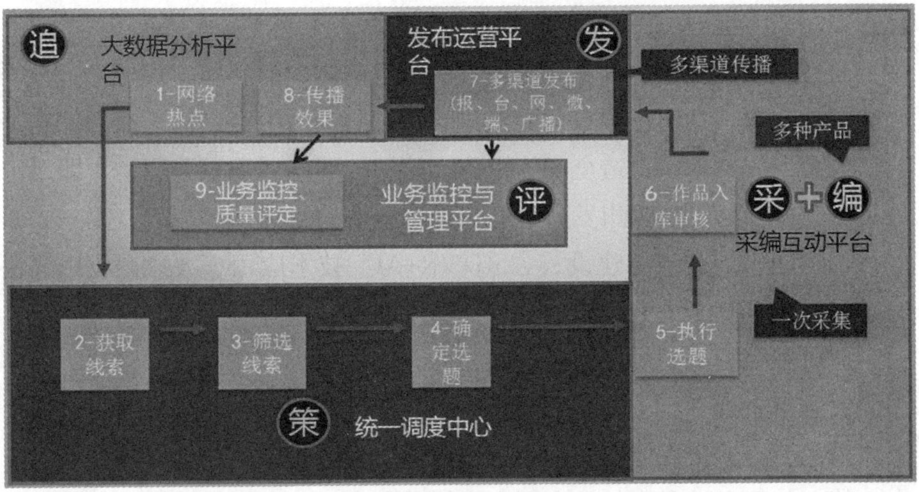

图6-1　银川市新闻传媒中心的总体传播格局

融之破局

破局，也就是攻克难点。融合之后，亟待破解的难点主要有这么几个方面：第一，无以为鉴，银川市在省会首府城市中率先实现大融合，周边没有什么可借鉴的经验和模式。第二，资源有限，其中包括行政资源、保障资源、市场资源，在盘子加大的情况下，有限的资源如何高效运用？第三，人心微澜，面对巨变带来的未知，大家可能有一瞬间的茫然，甚至有一些质疑，这都很正常，这种情况下，怎样充分发挥人员的能动性？第四，我们是大融合，在大步伐跨界转型当中，怎样在保障稳定的基础上有力提升传播效果？

对于初期面临的难点，我们一个个去攻克：第一，管理模式创新，我们探索出了一整套措施，其中很重要的是实行人员总数限额管理，也就是人员总数控量，以此为财政差额核拨人员经费的基数。第二，精简内设机构，两个单位融合之后，部门机构可不是简单的“1+1”组合，而需要根据实际进行精简，我们压缩掉了21个部门，减少中层干部职数33个。减少行政后勤人员25%，将其全部充实到采编一线。第三，实行全员聘用，实现了从身份管理向岗位管理的转变。第四，在运营方面，成立传媒发展公司，将原来旗下的十几家公司，根据不同的特点和方向加以整合，强化各自优势，集中管理，集中发力。

通过这几个方面的改革，主要解决了机制体制的问题。接下来，必须明确发展方向，其中包含三个要点：第一，明确“内容创优，移动优先，共享融通”的目标，打造全媒体矩阵。第二，明确“双核”驱动，即以中央厨房为核心，以“银川发布”客户端为核心，再造采编流程。第三，明确技术赋能，智慧媒体建设、“5G+VR+AI”技术应用、大数据应用等快速发展，技术赋能成为媒体融合坚实的保障。

这些主要解决了规划路径的问题，总体思路为“‘双核’驱动，内容创优，共享融通”。如图6-2所示，以中央厨房为核心，参与部门包括全媒体采集中心、全媒体发布中心、全媒体质量管理中心、全媒体技术保障中心等，各平台记者全部整合到全媒体采集中心，全媒体发布中心包含日报、晚报编辑部，电视新闻编辑部，融媒体新闻中心、广播中心等。

接下来，非常重要的一点是激发人员的活力，主要包括以下几种做

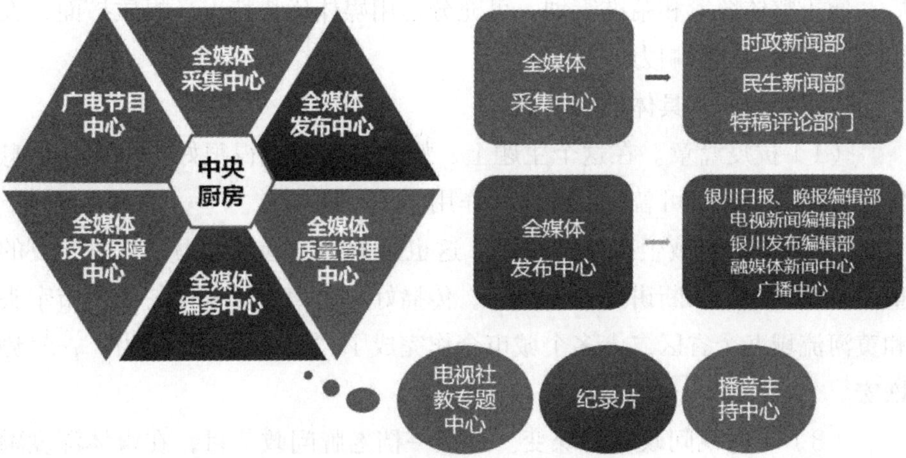

图6-2 中央厨房再造采编流程

法：第一，实现同工同酬，打破身份界限。不管你是什么身份，按岗定薪，按劳取酬。第二，建立干部选拔机制，实施竞聘双选制度。第三，鼓励大家开创自己的工作室，激发潜力和创新活力。第四，突出绩效考核，多劳多得、优劳优得，重点向采编播一线倾斜。第五，大力培养全媒体人才，解决“人”的问题。

还有一个重点问题就是如何全力打造品牌，我们总结了四点：第一，小地区也有大气魄。在媒体融合的时代洪流面前，时机有先后，地域无高下。第二，找准定位，什么强就发展什么，什么有优势就力推什么。第三，思路清晰，从创平台到拼产品，从维持稳定到打造品牌，从技术先行到科技引领，我们一直有清醒的认知规划。第四，重视活力，我们鼓励先行先试，也鼓励创新创意，有完善的奖励机制，也有容错机制。

新媒体数据显示，截至目前，银川市新闻传播中心拥有具备优势传播链条的新媒体平台26个，抖音平台总粉丝量达到475万，单条短视频最高播放量为1.6亿次，全年总浏览量20亿次。

融之实效

实效，换言之，就是讲媒体融合的收获和成果。

首先，媒体融合最直观的效果是提升了传播力与影响力。媒体融合后，便于整体统筹和精准策划，可充分运用媒体优势特点，提质扩面，大幅提升传播力和影响力。

以下展示一些具体的例子：

（1）抗疫篇章。在这个主题上，媒体普遍都做得很好，媒体在信息传播方面肩负着不可替代的使命和作用。

（2）黄河流域生态保护报道。这也是落实习近平总书记视察宁夏的重要讲话精神，不断讲好本土故事、传播好本土声音。其中，银川市牵头和黄河流域九个省区二十多个城市合作完成了“黄河航拍大接力”，气势恢宏。

（3）《电视问政》的蝶变。这是一档老牌问政节目，在媒体深度融合的推动下，迸发出了新的生机，从演播厅走到社区、街巷、工地，越来越接地气，为老百姓办了很多实事。

（4）全媒体跨年直播。从2018年跨到2019年起，大型跨年全媒体直播就成为银川市新闻传媒中心的年终巨献，是叫好又叫座的全媒体报道的典型代表。

其次，再说媒体融合的拓展效果。跨媒体深度融合带来了很多可能性，开拓创新的空间更足了，尤其是创新创意和多领域合作方面。我们全媒体策划下建设了一些融媒体中心，比如我们和银川市委组织部、宣传部联合成立的银川市党建融媒体中心，还有和银川市委统战部、民委联合成立的银川“石榴云”铸牢民族团结共同体传播中心。

媒体融合拓展了我们的眼界和思路，也拓宽了很多领域的合作。跨媒体的深度融合还可以充分发挥媒体听民意、解民忧的功能。《有事您说话》《民情热线》等都是我们的品牌民生节目，主要为百姓排忧解难，成为银川市民信赖的帮忙栏目。

在移动新闻直播方面，我们一年能进行220—260场直播，有重大实践活动，有民生热点话题，也有现场突发事件，现在这方面的直播已经成为常态，其浏览量、关注度、互动性都很强。

在“新闻+政务服务商务”方面，我们起步比较早，力争在多措并举下实现多赢局面。

在人才建设方面，通过用人集约化、人才配置优化，实现全媒体人才从数量到质量的提升。媒体融合之后，我们也不断获得荣誉，包括《银川日报》荣获中国城市党报媒体融合十强、《银川晚报》入选全国百强报纸、“银川发布”客户端荣获国家地市网络媒体客户端综合实力十强品牌、银川市新闻传媒中心入选2022年全国广播电视媒体融合先导单位提名。当然，也包括我们非常珍视的刚刚入选的“中国应用新闻传播十大创新案例”。

今后，我们会带着一点点经验和满满的信心，继续在新征程赛道上保持奔跑，保持热爱。谢谢大家！

（演讲者罗靖，银川市新闻传媒中心副社长、副台长、副总编）

案例分析

这家欠发达地区的媒体，为何被称赞“改得彻底”

2016年4月，宁夏银川市整合银川日报社、银川市广播电视台，组建银川市新闻传媒集团。经过半年多的筹备，当年12月，银川市新闻传媒集团揭牌，构建起覆盖报纸、电视、广播、网站、新媒体五大平台的“5的N次方全媒体传播体系”，实观一个法人、一盘棋。

这个步伐超过了绝大多数省会级城市媒体融合的发展速度。

2014年，媒体融合上升为国家战略。但直至2019年，河北省张家口市、湖北省鄂州市、浙江省绍兴市、广东省珠海市等地才先后将报业、广电整合为新闻传媒集团，掀起一股影响全国的地市级媒体“报台”整合潮。

尽管在2004—2010年，一些地市级媒体已经开始在报业与广电媒体的整合上做出了一些探索，但整合得并不彻底。比如，一家传媒集团早在媒体融合战略提出之前就实现了报纸、广播、电视的整合，但因集团设多个独立法人，导致项目、措施等难以高效推行。

可以说，银川市的融合转型之路不仅领先西部地区，而且比大部分东部媒体转型更早。相比东部媒体，西部媒体处于弱势地位，在发展总量、影响力、创新突破等方面，与东部媒体存在明显差距。作为地市级媒体，银川市新闻传媒集团的融合之路起步早、观念新。

要改革先“治本”，再造体制机制

历时8个月，银川市新闻传媒集团完成了体制机制再造，通过内设机构、编采流程、人员聘用方式、绩效考核标准等方面的整体顶层设计，构建起适应报纸、电视、网络融合发展的一体化运行框架。

这期间，“八项行动计划”发挥了引领作用，具体包括：中央厨房要实用起来，内容质量要提升起来，融媒矩阵要领先起来，技术保障要有力起来，人才队伍要过硬起来，品牌推广要强势起来，市场运营要整合起来，党建纪检要从严起来。

银川市新闻传媒集团总编辑孙晓梅向《传媒茶话会》分享以下具体改革举措：

首先，精简内设机构。以下几个数据能反映改革力度：报台整合后实行人员总数限额管理，共核定人员580人。“这580人与编制无关，市财政每年以银川市事业单位平均工资的75%向集团拨付经费。除用于引进高技术专业人员，今后在编人员自然减员后所空事业编制将逐步收回。”孙晓梅说道。同时，集团精简内设机构21个，减少中层干部职数33个。减少行政后勤人员25%，减少的人员充实到采编一线。银川不仅成为全国省会级城市率先实现跨媒体整合并运营的传媒集团，在人员数量管理上也走在全国前列。

其次，再造采编流程。银川传媒集团成立全媒体编委会，在编委会领导下运行中央厨房体系。以中央厨房为中心，建立线索汇聚、全媒体日常策划与联动、沟通协调、编委会新闻策划、新闻应急、全媒体质量监督、全媒体大数据七大运行机制，明确中心枢纽、信息聚合、指挥协调、数据融通四大职能，统一协调指挥，实现一次采集、多种生成、多元传播。“在这样的机制下，新闻传播顺序发生了巨大变化，先新媒体、网站、广播，再电视、报纸，宜快则快，宜深则深，宜直观则直观，各媒体特色和优势得以充分彰显。”孙晓梅如是说。

最后，优化配套制度。2017年6月，银川传媒集团启动《银川市新闻传媒集团分配制度改革方案》，实行“基础工资+绩效工资”的分配模式，加大绩效分配力度，重点向采编播一线倾斜。银川传媒集团实行人员总数限额管理，打破身份界限，实行全员聘用，同工同酬，按岗定薪，岗变薪变。按照岗位职责轻重、专业要求、工作强度、工作质量，确定岗位基础工资和岗位绩效系数，体现按劳分配原则。2017年整合完成后，银川传媒集团的首次中层干部竞聘，就有10名年轻人走上中层干部岗位。目前集团中层干部中，聘用人员占比达40%。“这样的竞聘双选每三年进行一次。”孙晓梅表示。

薪酬考核体系随之更改，并且平稳解决了报业、广电融合后的薪酬差距问题。“新的考核制度有效地拉开了收入差距，绩效工资部分，高的过万元，低的不到1000元，这极大地调动了采编人员的工作积极性。”孙晓梅介绍说，在多劳多得、上不封顶的考核机制下，绩效工资占员工个人总收入的60%左右，同工同酬，使聘用人员平均增资2000多元。据统计，整合一年后，银川传媒集团员工平均工资较整合之前上涨15.38%；截至2020年底，又上涨了5.69%。这样的变化，对于媒体整体经营形势不容乐观并且经济相对不发达的西北地区来说，非常不容易。

双核驱动“5的N次方全媒体传播体系”

在推动落实“八项行动计划”的过程中，银川传媒集团同步实施“双核驱动”战略，强调“内容创优、移动优先、共享融通”，从而盘活全媒体传播体系，“5的N次方全媒体传播体系”逐渐露出全貌。

据孙晓梅介绍，所谓的“5”指报纸（日报和晚报）、电视（三个频道）、广播（三个频率）、网站（银川新闻网）、新媒体（矩阵）五大传播平台；“N”指希望实现传播效果的N次方裂变。“我们在改革过程中一直遵循‘内容建设是根本’的原则。‘双核驱动’战略就是以中央厨房和‘银川发布’客户端为双核心。”其中，中央厨房设立值班席位的情况如图6-3所示：

图6-3　中央厨房设立值班席位

一方面，中央厨房成为采编工作的绝对核心。重大新闻宣传、重点新闻策划都进行全媒体策划、全媒体联动、全媒体传播，集团各部门、全环节均通过中央厨房进行调配，使新闻生产向精准化、类型化、定制化方向发展，向大数据汇聚、多维度应用、多终端服务转变，充分发挥新闻传播价值最大化。

另一方面，重点打造“银川发布”客户端，实现移动优先、直播第一。“新媒体平台发稿时，由‘银川发布’客户端作为首发平台。”孙晓梅进一步介绍了银川传媒集团的新闻发布顺序：客户端—新闻网站—新闻类微博—广播—新闻类微信—电视—报纸。“做到重点稿件、突发事件第一时间首发。对于需要进行深度加工的新闻产品，原则上由平面媒体首发。”截至目前，“银川发布”客户端下载量已超50万，平均每5.7个银川人中就有1人下载。集团新媒体矩阵也发展迅速，已开设50多个微信、微博、抖音的账号。

采编流程的再造大大提升了新闻的时效性，有利于引导舆论。更重要的是，在这样的机制下，内容有了更多组合、创新的空间，具体如下：

一是贯通全渠道生产“融产品”。在中央厨房体系下，原本各媒体的拳头栏目重新组合，真正享受到全媒体传播体系的红利。舆论监督栏目《电视问政》就是代表性案例。银川传媒集团组建后，该栏目实现全媒体策划联动，与广播栏目《民情热线》、电视节目《直播银川》联动，建立线索收集、问题曝光、整改跟进的互动监督模式；与报纸、新媒体联动，形成电视、广播、报纸、新媒体常态化的舆论监督体系，深化舆论监督成效。

二是融媒特色工作室制度成爆款孵化器。2018年以来，银川传媒集团先后成立10余个工作室，分别从音视频、可视化新闻、抖音、创意文本、技术应用等方面主攻符合时代特色和满足受众需求的融产品。鸿胜工作室推出的栏目《鸿胜来了》，内容主题是网红交警鸿胜警官借一个个交通案件进行普法，诙谐幽默温暖的风格备受欢迎，两年多来在抖音上的总播放量超4亿。

三是用好考核“指挥棒”，推动采编人员转型。整合后，银川传媒集团推行首席编辑、首席记者、首席主持人制度，鼓励采编播人员朝专业化和专家型方向发展，有利于在新闻一线吸纳和留住人才，培养一批采编播业务骨干。在新考核机制驱动下，单一考核变为全媒体考核，从条目考核到“到达率、点击率”并重。记者的任务包括纸媒、音视频、新媒体等各个形态，都列入考核范畴。

“为调动采编人员创新创优的积极性，每月都有内容创优大赛、新媒体产品传播力奖励，单条奖励金额为1000—10 000元不等。”孙晓梅说道。

锚定“媒体+产业”融合的新模式

经营是衡量转型成果的重要维度之一。银川传媒集团组建后，整合分散的经营资源，成立银川市新闻传媒发展有限公司，积极探索“媒体+产业”融合的新模式，并致力于发展“新闻+政务+商务”和“媒体+产业+企业”的运营模式。据了解，目前银川市新闻传媒发展有限公司旗下有7个子公司，涉及教育、旅游、印刷、文化传媒等多个领域。

值得一提的是，在“5的N次方全媒体传播体系”下，银川传媒集团积极发展电商平台，带动网红经济。“2022年成功策划组织了宁夏首届云端车展、房展，完成了12场云端车展直播，社会关注度持续走高，还承办了银川市首届乡村文化旅游节以及主播助农带货等活动。”孙晓梅介绍道。下一阶段，通过深入探索“网红+产业”模式，银川传媒集团将推进三大产业与“网红经济”结合，形成“网红+农业+乡村品牌”“网红+工业”“网红+服务业”等新模式。

结语

作为全国省会（首府）城市中最早实现报业和广电整合的单位，银川传媒集团的改革其实就是创新机制体制，从而实现真融合、大融合。

此时再看银川市新闻传媒集团自我总结的银川改革经验，可能更容易理解这句话：“媒体融合不单单是融入一个技术系统，其核心是创新改革，是观念理念的创新，是体制机制的改革创新，是组织架构的全新调整和流程再造，是各类资源整合后传播效果的再放大。”

（作者孙晓梅，《传媒茶话会》对话银川市新闻传媒集团总编辑）

专家点评

银川市新闻传媒中心的融合之路

地市级媒体融合是实现“中央—省—市—县”四级媒体融合的“关键一步”。然而，与县级媒体融合相比，地市级媒体融合之路略显滞后。如何持续推动地市级媒体融合向纵深发展？就此，银川市新闻传媒中心的跨媒体融合实践为我们提供了重要的改革样本。

第一，体制机制改革是关键。在人事制度改革方面，银川市传媒中心推行全员聘用和干部竞聘双选制度，打破了身份界限，实现了身份管理向岗位管理的转变。在绩效分配改革方面，推行同工同酬、按岗定薪、按劳取酬等制度。体制机制的管理改革，为媒体融合的推进提供了强大动力。

第二，融合路径明确清晰。银川市传媒中心以双核（中央厨房和“银川发布”客户端）驱动，再造采编流程，实现了一次采集、多种生成、多元传播，形成了集约高效的内容生产体系和传播链条。以“内容创优，移动优先，共享融通”为目标，打造了全媒体矩阵，实现了覆盖报纸、电视、广播、网站、新媒体的全媒体大融合。

第三，构建“新闻+政务服务商务”的运营模式。中共中央办公厅、国务院办公厅下发的《关于加快推进媒体深度融合发展的意见》要求：媒体融合要发挥市场机制作用，增强主流媒体的市场竞争意识和能力，探索建立“新闻+政务服务商务”的运营模式，创新媒体投融资政策，增强自我造血机能。据此，媒体融合不仅是新闻机构和人员的融合，以更好地发挥新闻宣传和媒体功能，它还需要运用智慧技术，将社会公共资源和政务服务资源聚合到媒体融合平台中，将交通、工业、农业、商业等资源和大数据聚合到媒体融合平台上，以实现“新闻+政务服务商务”的运营模式。显然，融合媒体发挥的绝不仅是传统的媒体功能，而是聚合各种资源，提供多样服务，打造成为参与公共治理的综合服务平台。银川市传媒中心在此也做出了积极探索。

（作者马锋，西北大学新闻传播学院院长、教授、博士生导师）

07

“深圳卫健委”微信公众号

作为卫生健康领域的垂直类公众号，“深圳卫健委”微信公众号被誉为全国政务宣传领域独树一帜的一股清流，时而温暖，时而调皮，时而正经，每年都有爆款推文，每篇推文平均阅读量为30万+，粉丝数突破1800万。“深圳卫健委”微信公众号团队始终强调一个核心法宝——用户思维；遵循三个原则，即懂人心、说人话、做潮人。2022年度，在新冠疫情防控中，“深圳卫健委”微信公众号屡屡“出圈”，成为疫情信息传播、与网民互动、故事挖掘的主阵地。一个个故事背后，“深圳卫健委”微信公众号已成为深圳名副其实的主流媒体。

演讲实录

“深小卫”是如何炼成的

现在给大家分享一下深圳卫健委运营的经验和启示。非常高兴获得这个奖，感谢主办方！我们“深圳卫健委”微信公众号已经运营七年了，我与大家分享几个问题：第一，我们是怎么做到的？第二，我们这样玩，领导不管吗？第三，有哪些实用的运营小技巧？

2015年9月开号以来，我们现在已经拥有1800万粉丝，每篇平均阅读量有30万+，疫情期间每篇平均阅读量甚至有100万+，单篇阅读量最高有1000万+。这些年来，我们做了很多爆款，也上了热搜榜，如《戏精女护士》《“神曲”来了！深圳女孩，一心搞“苗”》。但我们也被网友举报过“低俗”。我们曾经写了一篇艾滋病的科普文章，过于生动形象，有人认为很赞，有人认为低俗，比如网友评论“有才、脑洞大开、生产队的驴、很皮、很黄、暴力”。但我们最大的特点是能够抓住“打工人的心和魂”，这是深圳的城市特点决定的。我们扎根普通打工人，他们有务实、搞钱等鲜明的深圳风格。

“深圳卫健委”微信公众号（昵称“深小卫”）定位健康教育，健康人群和非健康人群都是我们的服务对象，我们尽最大的能力，把传播的覆盖面做到最大。我们开玩笑说是靠“同行衬托”，因为不少官媒都呈现生硬僵化、高高在上、鸡同鸭讲的特点，我们需要进行创新探索。

“深小卫”成为官媒网红，主要有以下几个原因：

第一，有大数据的催化剂。为什么我们有1800万粉丝？疫情前，我们就有600万粉丝。疫情是一个宣传风口，被我们抓住了，新增的粉丝大部分来自对疫情的服务需求。在互联网时代做新媒体，内容和流量一个也不能少。没有到达率的宣传都是耍流氓，所以我们注重做大做强平台的粉丝基础，使我们的内容更有到达率。

第二，有自由创作的土壤。我们是民生部门，是健康教育部门，与时政关联不大。我们团队有三大法宝：一是包容的氛围，上级领导放手，处长护航，没有KPI（关键绩效指标）。二是市场化用人，机制比较灵活，给予市场化薪酬。三是保持专业主义和工匠精神，但有很多来访者说“算了，我们学不了”。

第三，基于用户思维的内容生产。内容团队现在有7个人，我是做统筹的，新媒体写手有6个，做地推涨粉的有1个。在内容方面，我们在官媒的时候经常碰到一个矛盾点，到底是要群众满意还是要领导满意？我们是面向市场和用户的，更注重群众满意，而不仅仅是领导满意。

深圳的用户比较年轻，平均只有32.5岁，“深小卫”呈现开放、包容、多元的风格。我们的小编都是广东人，是为了保证公众号具有广东风格，呈现广府文化、潮汕文化、客家文化，更能激发用户的共鸣。

我们做官宣的时候，比如开新闻发布会的时候，领导念稿，其实很多信息没有新闻点。我们不会照搬照抄，而是抓一些有新闻的点、有价值的点传达给公众。传统的官媒都是“60后”，我们要呈现活泼的“90后”风貌。一是要懂人心，提供用户需要的东西，里面有政策解读，有医学科普，有民生回应。二是要说人话，我们说的医学知识非常专业，涉及耳鼻喉科、肝胆胰腺科等，要把前列腺、梅毒、艾滋病都说得很清楚，要用大妈话、网络语、神配图。三是要做潮人，我们在互联网里冲浪，会做短视频、灯光秀、脱口秀，还会生产医疗剧《我的白大褂》。2017年，我们有一个“出圈”的作品《戏精女护士》，这有点类似网红papi酱的风格，获得了中宣部的点赞。

现在的用户没有什么耐心，可能相对固执己见，但我们要打动的就是这些人。我们做产品的时候不要做得很抽象、空洞、形式化，不能做得“自嗨”（自娱自乐），不要有“爹味”（人有一种老父亲的味道）。年轻人不喜欢听你说怎么做人，更多的是要和年轻人共情。不要灌“毒鸡汤”，不要搞“高级红”“低级黑”，简单的正能量并不能打动他们，我们要坚持以人为本，不搞“假大空”，要传播正确的价值观。

作为官媒，我们的选题有一半以上是命题作文。比如说开年终总结会，我们会用“极简版！三分钟带你开完深圳卫生健康年会”的标题。其他有健康科普，有经典案例，有行业新闻，有行业洞察，这些都是选题思路。当然，做健康科普是有套路的。很多医生做不好科普，仅仅依靠教科书或“掉书袋”，就落入俗套了。我们要呈现出差异化，要独树一帜，要有冷知识，要有“反转”，要有“神转折”，要“很沙雕”（网络流行语，代指那些由于当事人愚蠢、天然呆或刻意卖蠢而引发的笑点），让用户在奇奇怪怪的氛围中、诙谐有趣的过程中获得健康知识。

“深小卫”的创作“三部曲”是这样的：一是明确“写给谁看”，二是“以什么吸引别人点开”，三是“别人点开以后，拿什么让人从头到尾看完”。

我们的作品，首先是有用，就是要务实，给用户传达健康知识。其次是有共鸣，就是要有笑点、泪点、痛点、槽点。如果我们发一个五四青年表彰名单，这是非常枯燥的，但我们用“想找深圳医疗圈年轻有才华的人处对象，我劝你看这份名单”做标题，放几张帅男靓女的照片，就会激发大量转发。深圳是一个搞钱多、单身多的城市，所以我们写稿的时候，要经常想这些流量点在哪里，要写得通俗易懂，段子要看着爽，故事要人人都爱看，细节要有画面感，逻辑要顺畅。总之，要千方百计提高用户的阅读体验感。

再来讲讲如何转化“八股文”。比如加强无烟党政机关建设工作，这和老百姓没有紧密关系。我们首先要找准受众，谁是机关事业单位的二手烟受害者？我们编了个悲催、头秃、怀孕女公务员对领导抽烟敢怒而不敢言的例子，进而提出控烟解决方案，标题是“处长又在办公室抽烟，我忍无可忍了”。这样就比直接上八股文更好看，流量翻倍。

另外，大家很好奇“深小卫”的表情包文化，实际上是“梗王+图王=懂王”。表情包的套路主要是多维度、高情商、跟热点、谐音感、神转折，这些段子的来源有留言区、哔哩哔哩、知乎、豆瓣，主要法则就是要可爱、有内涵、清新、得体、小机智，忌张扬、直白、模仿、低俗、咆哮体。

最后，再强调几个思维方式。一是要有用户思维，搞清楚用户是谁，弄清楚他到底要什么。二是要有流量思维，不要再写没人看的东西了。三是要有简洁思维，不写废话，只上“干货”，多用短句，比如“电话发我"就简洁有力。四是要有通俗思维，要说大妈话，要讲段子，多用比喻，比如"肝是哑巴，胃是喇叭"，健康传播就要常说这种大妈话。五是要有场景化思维，拒绝笼统，多举例子、讲故事、列细节，给人画面感。

我的发言就到这里，谢谢大家！

（演讲者王岭，深圳市卫生健康委宣传处处长）

案例分析

健康类政务新媒体的传播实践研究

引言

政务新媒体是各级行政机关、承担行政职能的事业单位及其内设机构，在微博、微信等第三方平台上开设的政务账号或应用，以及自行开发建设的移动客户端等。在2019年召开的“互联网+健康中国”大会上，国家卫生健康委员会副主任王贺胜表示，卫生健康宣传部门是健康传播的牵头部门，要提高健康科普信息的影响力和到达率。健康类政务新媒体通过及时发布健康政策与信息，为公众提供健康咨询、办事指南等便民服务，在一定程度上达到了普及健康知识、提高公众健康素养的目的。

“深圳卫健委”微信公众号是深圳市卫生健康委员会的官方微信，其自我定位为“最靠谱的科普，最有趣的灵魂”，推文类型包括疫情动态、健康科普、医院动态、预约挂号等。该微信公众号以接地气的传播方式和亲民的官方形象，在众多政务微信号中脱颖而出，文章阅读量最高为1000万余次。据新榜数据，“深圳卫健委”微信公众号在健康类微信公众号月榜指数中排名第三，总阅读量有1460万+，并连续5年获得深圳政务新媒体第一名。本文以“深圳卫健委”微信公众号为例，探究其传播特色以及传播过程中存在的问题，并提出相关解决对策，旨在为其他健康类政务新媒体的发展提供参考。

“深圳卫健委”微信公众号的传播特色

（一）传播团队年轻化、市场化、专业化

“深圳卫健委”微信公众号的团队成员为“80后”和“90后”。在工作经历上，团队成员均有媒体从业经验，或者曾在医院系统中做过宣传工作；在分工上，团队成员敢于尝试，深入挖掘政务方面的新闻点，有人专注于写政务宣传文案，有人从年轻人视角设计封面图与表情包，还有些人第一时间到达现场进行采访，捕捉典型案例和细节。人才与持续创新的精神相结合，让“深圳卫健委”微信公众号成功打造了一个市场化、专业化的政务宣传团队。

2021年3月29日，一则“我们一起打疫苗，一起苗苗苗苗苗”的宣传标语引来大量网友围观并登上热搜榜，被央视新闻等官方媒体转载报道，其编写者就是“深圳卫健委”微信公众号团队的一员，它精准把握了新媒体的“网感”，抓住当下新闻热点并进行创新传播，收获了一众好评。

（二）传播形式灵活多样化，官方形象亲民

发布信息时，健康类政务新媒体想得到群众的认可，就要转变思维，通过受众喜闻乐见的方式将专业的健康信息与健康知识转化为受众需要的“干货”。“深圳卫健委”微信公众号的文风轻松活泼，视频、封面图、表情包紧跟年轻人的话语体系，用接地气的方式传播最新的健康信息。比如，2022年2月25日推送的《深圳福田连发4通告！涉及5街道，新增封控管控区》一文中，封面主图写道：“每天上班就像开盲盒，永远不知道下一个居家的同事是谁。”

2021年6月16日推送的《宝，还没去打疫苗？都不知道心疼人的》一文与当时热点相结合，采用幽默话语，规劝市民尽早接种新冠疫苗。例如：“宝，打疫苗了吗？测核酸了吗？在干吗呢？”“第一针北京生物，第二针北京科兴，到底行不行？”公众号推文与受众积极互动，还以轻松活泼的方式回复市民关心的问题。该微信公众号拉近了与受众的距离，被大家亲切地称为“深小卫”，成为民众接收抗疫信息的重要途径之一。

（三）正面舆论引导，彰显人文关怀

健康类政务新媒体作为政民互通不可或缺的重要渠道，不仅肩负着传播健康知识与信息的责任，还应坚持走群众路线，从受众的角度出发，加

强正面宣传，传递正能量，缓解大众的焦虑。

2021年和2022年的国际劳动妇女节，“深圳卫健委”微信公众号推出了“尊重女性”主题的短视频。在2021年4分钟的短片中，讲述了4位女性在生活、职场上遇到的性别歧视现象，并在文章末尾写道“别因为她是个woman，就忘了她也是个human”，希望每个女性都能“用能力说话，凭价值留下”，从而呼吁人们尊重女性。视频推送后引发了网友们的强烈共鸣，大家纷纷表示其“拍出了大多数女性的心声”“感谢为女性发声”。此外，“深圳卫健委”微信公众号作为官方媒体，主动设置“职场反歧视”“正视女性的真实现状”等议题，既推动了受众对相关话题的讨论，也彰显了健康类政务新媒体在公共信息传播中的人文关怀。

（四）传播内容重视健康知识，提供便民服务

“深圳卫健委”微信公众号注重整合社会力量，积极联合各大平台或专家，传递权威可信的健康知识，解答公众的疑惑，提高公众的认知。比如，联合深圳市儿童医院科普诺如病毒和流感病毒的特点、感染症状及处理方法，大力普及病毒预防等知识；联合深圳疾控中心发布深圳市登革热“风险地图”，用密度说明各地区登革热的传播风险，提醒市民提高警惕。此外，微信公众号还发布女性普及宫颈癌疫苗的知识，并针对深圳市民预约九价HPV疫苗渠道难的问题，开通了疫苗摇号服务，彰显出强大的信息公共服务功能。

2022年1月8日，深圳一位孕妇在“深圳卫健委”微信公众号留言求助，称因核酸证明未出结果而导致无法住院。在孕妇留言仅6分钟后，微信公众号回复“电话发我”。之后在相关安排下，孕妇顺利办理了住院。“电话发我”的回复在几小时内就收到上万个点赞，相关话题也登上微博热搜榜第一名，还被人民日报评论、广东共青团等官方媒体转发或评论。孕妇求助事件发生后，“深圳卫健委”微信公众号还推出《除了“电话发我”，入院还能找谁？》一文，为市民在新冠疫情防控期间快速寻找合适医疗机构提供了指引，践行了政府部门以人民为中心的服务理念。

“深圳卫健委”微信公众号传播存在的问题

（一）部分推文出现“泛娱乐化”现象

“深圳卫健委”微信公众号擅长用场景化、故事化的描写，用表情包等表现形式进行健康、卫生知识的科普，提高受众的阅读兴趣。微信公众号是政务平台，肩负着信息发布、政策解读等功能，政务新媒体信息内容的科学性、准确性、权威性，是最重要的准则。然而，在部分推文中，“深圳卫健委”微信公众号在一定程度上出现了流量至上、“泛娱乐化”的倾向，降低了自身的权威性。2021年12月5日，有网友在人民网的“领导留言板”上反映“该公众号使用标题党吸引受众眼球、博取流量”。

（二）栏目功能设计不完善

“深圳卫健委”微信公众号开设了“便民服务”“打疫苗”“我要查询”专栏，为民众健康预约与查询健康报告等提供了便利。但是，公众号目前并未对健康科普知识的推文、视频进行整合，也未开设相关健康科普、用户互动专栏。比如，用户如果要查找“宫颈癌”的相关推文，只能通过“关键词”查找，这在一定程度上对受众的阅读体验造成影响。

（三）健康知识较为单一

对于一些健康话题，“深圳卫健委”微信公众号多转载其他微信公众号的内容，在一些专业性话题方面原创性不足。此外，该公众号对年轻人熬夜、老年疾病、养生知识的普及较少，内容也较为单一。

健康类政务新媒体发展的对策

（一）避免娱乐化，增强公信力

政务新媒体具有政务属性和媒体属性的双重属性，健康类政务新媒体更是担负着向公众传达国家健康政策的重要职责。在突发性公共卫生事件中，健康类政务新媒体应在坚持新闻准确性与真实性的基础上，积极发挥健康传播议程设置的主动性，把握正向舆论引导权，对未经证实的言论进行辟谣，从而提高自身公信力。

（二）创新栏目设置，满足受众的阅读体验

一方面，“深圳卫健委”微信公众号可以通过受众反馈专栏，了解受众对健康信息的需求，开发相关健康信息服务功能；另一方面，应将

发布的推文分门别类，比如国家健康政策类、疫情动态类、养生类、辟谣类等，同时设置“视频”“文章”“漫画”等标签，并通过回复“关键词”“往期回顾”，自动获取信息，让受众更加方便地查看自己所需信息。

（三）深耕内容，提高传播力

为打造有高度、有态度、有厚度、有温度的健康类政务新媒体，微信公众号应深耕内容，做深度、重质量、抓本地，将“搬运工”变为“深加工”。因此，“深圳卫健委”微信公众号应关注民众关心的健康信息，利用好本土医疗资源，与当地权威医生、学者、媒体合作形成健康专题，推出更具科学性的健康类原创文章并固定更新频率，有效增强用户黏性。

（四）健康主题多元化，提高受众健康认知

“深圳卫健委”微信公众号可以针对不同的年龄群体，进行不同的健康话题引导。比如，对年轻人进行运动健康、心理健康话题引导；对中年人进行养生类、老年疾病等知识普及；对家长进行育儿知识普及；对女性群体进行经期关怀、宫颈癌预防等话题引导等，进而提高受众对疾病的认知程度与重视程度，满足不同受众对健康知识的需求。

结语

2017年10月18日，党的十九大报告强调“实施健康中国战略”“完善国民健康政策，为人民群众提供全方位的健康服务”。健康类政务新媒体应担负起健康教育责任，打造具有亲民性、权威性、服务性的平台，做好健康信息的传播，提高受众健康素养，为实现健康中国不断努力。

（作者李钰环，广州体育学院研究生院硕士研究生；周德书：广州体育学院研究生院教授）

专家点评

“深小卫”的成功秘诀：转变态度，提高温度，放开尺度

无论哪个年代，能够成功“入耳入心”的宣传都不是单向的说教，而是积极的双向交流。在疫情期间成功“出圈”的“深圳卫健委”微信公众号充分展示了在新媒体时代下政务媒体与群众展开对话，并融入群众的可能性。总的来看，“深小卫”的成功有三个秘诀，即选题上转变态度、语态上提高温度、形式上放开尺度。

在选题上，从昵称“深小卫”便能看出创作团队的态度变化，不同于高不可攀的说教姿态，其化身为热心亲切的邻家青年，力求做到“想市民所想，答市民所需”。疫情期间，面对民众的留言求助，“深小卫”更是及时回复，造就了“电话发我”的佳话。

在语态上，“深小卫”主动丢弃政务媒体以规范严谨为特点的话语包袱，化身为“最懂打工人”的暖心青年，温情触摸社会心理，深度挖掘选题中的情感共鸣点，以更具温度的语言风格贴近群众。

在形式上，“深小卫”大胆创新，化身为精通网络文化和地域文化的有趣青年，表情包、短视频、脱口秀等新兴形式信手拈来，以具象化、故事化、互动化的多种表现方式，增强内容的通俗性和趣味性。

归根结底，“嬉笑怒骂”的文章风格背后，其实是一颗想要与群众生活同频共振的服务之心。

（作者刘涛，暨南大学新闻与传播学院党委书记、教授、博士生导师）

08 哔哩哔哩（B站）

作为日趋主流化的青年社区平台，哔哩哔哩（又称“B站”）在重大节日推出的主流原创视频，屡次获得现象级传播效果，在青年网民群体中产生极强的社会反响。2020年五四青年节，3分钟短视频《后浪》刷爆全网，国家一级演员何冰走上舞台，以青年宣言《后浪》认可、赞美与寄语年轻一代，“为年轻一代干杯”激发共鸣也引发热议；2021年，短片《我不想做这样的人》，全国各地955位初中生以此为题，写下了对于未来的思考；2022年，短片《不被大风吹倒》中，诺贝尔文学奖获得者、作家莫言给全国青年朋友们写了一封特别来信，鼓励青年在挫折和考验面前始终保持坚韧。2022年度，《回村三天，二舅治好了我的精神内耗》在哔哩哔哩上传后快速刷屏，发布仅一天便登上了哔哩哔哩热门第一，播放量突破500万，实时在看人数保持在3万以上，该片也引发了全网对普通人身上正能量的持续讨论。

演讲实录

改写世界格式的数字新青年

根据最新发布的《2022年中国网络视听发展研究报告》，截至2021年12月，我国网络视频（含短视频）用户规模达9.75亿，较2020年12月增长4794万，占网民整体的94.5%。

作为数字时代的主要媒介，视频正在不断创新网络视听内容的生产、传播以及整体生态，同时也塑造出一代具有创新媒介素养的数字新青年，打造属于中国文化的青春新名片。作为全场景的综合性视频社区，哔哩哔哩聚集了最高密度的中国互联网原住民“Z世代”、专业的PUGV内容（专业用户制作的视频）以及优秀的内容创作者，成为数字新青年聚合度最高的平台。

著名的媒介理论家马歇尔·麦克卢汉曾在其经典著作《理解媒介》中提出，“媒介即信息”“媒介是人的延伸”“一切媒介作为人的延伸，都能提供转换事物的新视野和新知觉”的观点。与以图文为代表的旧媒介相比，视频作为新的数字媒介载体，迅速延伸到个体与个体之间的交互方式中，以乘数效应在各个平台衍生出新的范式。

数字新青年如何利用数字新媒介学习

“Z 世代”从小身处移动互联网的环境中，受社交媒体影响巨大，能够快速接受和处理海量信息。成长于信息时代的他们，受到全方位多元文化的熏陶，性格独特又有个性，勇于表达自己的社会观点。

因此，“Z世代”在消费知识内容时对优质内容的需求更加强烈，兴趣圈层更加多元，参与感更加明显。在哔哩哔哩的“Z世代”展现出前所未有的求知欲，而弹幕作为“技术+人性”的产物，创造了天然的知识科普、分享互动的社交氛围与圈层文化，很好地贴合“Z世代”自我表达的诉求。

前期调研统计显示，哔哩哔哩在中国“985”与“211”大学的渗透率达到82%，成为“Z世代”学生在视频时代学习知识的新“学具”，也是教师们传道解惑的新“教具”。据统计，2020年超过1亿人在哔哩哔哩观看学习内容。早在2018年，学习直播就已成为哔哩哔哩直播时长最长的品类。2018年，哔哩哔哩直播学习时长达146万小时，有近103万次学习类直播开播。2019年，哔哩哔哩学习类UP主（在视频网站、论坛、ftp站点上传视频音频文件的人）数量同比增长151%，学习类视频播放量同比增长274%。

数字新青年如何讲好中国故事

过去几年来，数字媒介逐渐成为青年一代讲好中国故事的重要方式。哔哩哔哩从平台自身的媒介属性出发，通过年轻人喜闻乐见的动画、视频、小游戏等新数字媒介形式，充分发动海内外UP主和网民的力量，创作大量的优质精品内容，展现了中国的新一代东西融通、开放包容的精神风貌，让更多人抛开偏见，关注美丽、真实的中国，推动了中国文化的“破圈”传播与中华文明的国际交流互鉴。

目前，哔哩哔哩有34万海外UP主，有数百万海外用户，头部UP主海外账号的播放量已突破100亿。不少海外青年通过哔哩哔哩UP主的视频和图文来了解中国，了解中国的年轻人。在34万海外UP主中，郭杰瑞、歪果仁研究协会等知名 UP主，在抗疫、新疆棉花事件等许多热点话题上积极发声，向国际社会传播真实、客观、全面的中国形象。哔哩哔哩UP主“何同学”应邀与美国苹果公司CEO库克对话，展现了中国年轻人自信的一面，成为讲好中国故事的新锐力量。在OGV（专业机构生产内容）方面，哔哩哔哩正积极发力。在“联合制作，市场共享”的模式下，我们共参与制作了45部日本动画片，占日本年产量的30%。在纪录片领域，我们先后出品了《人生一串》《极地》等优质作品，在海外主流平台播出。哔哩哔哩出品的纪录片《小小少年》跟踪拍摄在自然、科技、艺术、运动等不同领域天赋异禀的孩子，记录他们与众不同的成长故事，向国际社会展现中国“Z世代”积极向上的正面形象，该纪录片荣获上海电视节“白玉兰奖”。我们还积极与BBC（英国广播公司）、探索频道、国家地理等国际厂牌建立合作，联手打造从中国视角出发的自然、人文纪录片，努力让世界各地更多年轻人了解中国、喜爱中国。

数字新青年如何拥抱元宇宙世界

近几年来，“元宇宙”的概念很热门，世界各地的政界、学界、业界在过去一年来都在围绕“元宇宙究竟是什么”“元宇宙如何实现”等问题展开激烈的讨论。哔哩哔哩上的数字新青年也在积极探索如何发挥自身优势，拥抱更加前沿的数字媒介。

哔哩哔哩的现有模式是通过用户、创作者、优质作品的正向循环来构建美好社区，为创作者搭建舞台。现在的哔哩哔哩是基于web2.0（第二代互联网）构建的。在元宇宙web3.0（运行在区块链技术上的去中心化互联网）的框架下，这一逻辑依然适用。我们都在为用户提供空间和平台，构建可持续的内容生态，为用户搭建虚实交互的界面。

因此，在相关政策的指引下，我们也积极推动新技术的创新与应用，去引领元宇宙产业链的融合发展。主要从以下两个方面出发，这也有希望成为传播中国文化及正向价值观的新动力：

一是推动创作者经济。聚焦关键环节，打造涵盖元宇宙内容培育、流通等一体化的生态体系。培育数字新媒介创作者群体。吸引线上、线下创作主体集聚，支持发展专业用户生产内容（PUGC）、职业生产内容（OGC）、多频道网络（MCN）等生产新模式。

二是积极探索哔哩哔哩在“虚实交互”的元宇宙新赛道中新的发展方向。培育虚拟数字人在现实场景中的新应用，尤其在虚实交互的新商业、新教育、新文旅与新娱乐等领域，促进商业流通领域创新，满足新场景、新体验、新消费的需求；推进教育科普更高层次的优质均衡、个性多元；激发文旅活力，提升文旅新体验；发展各类元宇宙新模式新业态，形成健康向上的文化导向，满足人民对美好生活的向往等。

结语

视频作为一种更先进的生产力，正在以更快的连接速度、更高的计算能力深刻地改变各种社会关系。在以视频为主的新媒介环境中，技术与人文相融，教与学相通，青年深度参与世界议题并勇于发声。未来，哔哩哔哩将一直与青年群体共同成长，携手创作者构建优质、健康的内容生态，期待哔哩哔哩未来枝繁叶茂、阳光普照。

（演讲者卢雅君，哔哩哔哩公共政策研究院副院长）

案例分析

以视频互联世界

近年来，互联网视频行业发展十分迅速，各大平台纷纷瞄准这一蓝海布局。哔哩哔哩成立于2009年，早期是集二次元动画、漫画、游戏于一体的内容创作与分享的视频网站；经过十几年的发展，围绕用户、创作者和内容构建了一个源源不断产生优质内容的生态系统。在激烈的行业竞争中，以哔哩哔哩为代表的视频社区，通过独具特色的运营与社区氛围，成功“出圈”。

视频行业发展现状

随着移动化终端平台及5G技术的进一步普及，视频行业迅猛发展，通过丰富个性化的内容和碎片化的移动传播方式大放异彩，哔哩哔哩、腾讯、今日头条等互联网公司纷纷布局视频行业，行业生态产业链条逐渐成熟，竞争激烈。

尽管目前视频平台发展迅速，但依旧存在着内容同质化严重、创作者激励和保护不足等问题。面对这些问题，视频行业将何去何从、在激烈的行业竞争中如何找到新的发展点，是视频行业发展到本阶段需要考虑的问题。

聚焦年轻人群，以特色化“出圈”

在激烈的行业竞争中，拥有特色化的内容资源弥足珍贵。在这方面，哔哩哔哩以其独特的社区文化吸引了青年用户，特别是哔哩哔哩一系列创意内容生产，引发了互联网视频行业和整个社会的热烈讨论，被网民戏称为成功“出圈”。哔哩哔哩的视频运营之路值得深思，具体分析如下：

（一）视频的交流模式，弹幕互动

与传统媒体相比，互联网这一新媒体平台具有双向互动的巨大优势，能为用户提供良好的体验。在视频平台上，用户互动是评价内容价值的重要参考标准，而缺乏互动形式的视频平台注定无法实现长久发展。

随着弹幕技术形式的引进与成熟，这种弹跳式评论受到用户喜爱，不仅带来一种“实时互动”的错觉，甚至形成了独特的弹幕文化。弹幕，指以文字的形式显示在视频画面上的即时评论。哔哩哔哩弹幕的内容指向与情感价值独成体系。有学者研究发现，与传统的评论形式相比，弹幕内容丰富，可以聚焦在某一画面、某一特定时间出现在用户眼前，打破时空限制，为内容互动增添亮点，还可以起到活跃气氛的作用，用户通过弹幕字体颜色、大小、移动速度等，表达强烈的感情，同时表达对短视频创作者的肯定和激励。

（二）视频的产业运营，社群经济

一直以来，视频行业的盈利问题备受关注，不少平台为了开辟市场渠道，所耗成本极大。尽管一时间似乎争取到了一批用户，但由于没有成熟的运营方式，发展之路举步维艰。

而被戏称为“小破站”的哔哩哔哩，其视频产业运作模式的重点在于长尾经济和社群经济效应的充分发挥。长尾经济是指在销售渠道无限多且碎片化的情况下，一些在传统市场中较少被关注的商品或服务，也可以通过互联网等平台获得大量需求和销量，从而实现可观的经济收益。社群经济是建立在产品与群体之间的情感和价值双效能经济模式。在十几年的发展中，哔哩哔哩逐步形成了十五个分区，视频内容领域垂直细分，确保每个用户都可以找到自己的兴趣点，增强了用户黏性。通过优质视频内容扶持计划，哔哩哔哩也构建了“PGC+UGC”全方位视频内容创作模式，UP主的价值得以体现。

（三）视频的社会价值，特殊效能

2020年，突如其来的新冠疫情对人们的学习、工作与日常生活造成一定影响，互联网则在这一特殊时期发挥了巨大作用。通过互联网，人们实现了在线办公、学习和娱乐，特别是网络视频，成为不少人了解相关新闻的第一选择。

哔哩哔哩充分发挥平台资源优势，推出疫情防控专题专栏，鼓励引导UP主积极创作优质视频。这些视频不仅为用户提供了一手信息，也充分发挥了科普教育的作用，缓解了人们的焦虑紧张心理。

现存问题

视频行业风口到来，市场规模不断扩大。巨大的行业红利吸引了许多个人和平台加入，但一些问题随之而来。倘若对这些问题视而不见，必将严重影响视频行业的进一步发展，主要问题如下：

（一）创作内容同质化

从短视频创作内容方面看，尽管目前内容垂直领域细分已较成熟，但依旧存在同质化问题。如美食、化妆、时尚等热门领域，品牌化资源较多，而人文历史、数字科技等领域则有变现不易的特点。回顾互联网发展的历程，“内容为王”始终占据主流。对于短视频行业而言，剪辑形式多样、推送渠道丰富等特点始终是锦上添花，内容创意才是真正制胜的法宝。

（二）优质创作者缺乏

目前，视频行业成为不少人创业的重要选择方向，从业人数不断攀升。但对绝大多数视频创作者而言，视频拍摄仅是记录自身生活的一种表现方式，是“随心之举”，谈不上变现盈利。近年来，不少视频平台推出了创作者扶持计划，鼓励专业视频生产，优秀视频博主相继出现。但从整个行业发展来看，头部视频创作者数量较少，对行业的辐射带动能力不足。

优质的创作者可以是个人，也可以是团队。在目前的视频行业中，更多的是通过MCN机构统一包装制作。在专业成熟的生产链条配套作用下，视频从内容文本制作、拍摄剪辑、包装推广等各个流程，按照相关标准加工处理。而专业机构也发挥人才培育的功能，推动行业的进步。

（三）创作理念较落后

在万物皆媒的时代，信息的碎片化、传播的快节奏使每个人都可以参与视频创作，但就整体而言，目前的视频创作理念比较落后。目前的视频制作中，线性平面化思维依然影响较深，创作者缺乏互联网思维，特别是对传播、互动的功能效果考虑不足。互联网思维就是将作品视为特有产品进行加工，充分考虑内容深度与用户接受程度的融合、技术先进性与载体传播性的匹配。在视频的制作过程中，制作者不仅要在内容层次上加强创意化衍生，在技术层次上做好互联互通，更要具有“互联网+”的商业化战略眼光。

行业展望

（一）行业合作，良性竞争

视频行业的巨大前景引起各大视频平台展开激烈竞争，但近年来，各平台抢夺头部创作者、行业壁垒牢固、视频内容抄袭等现象，严重影响了视频行业的整体运行。因此，各视频平台应积极加强彼此间的联系交流，争取合作，减少分歧，逐渐构建视频行业自律组织规范，加强对视频创作者的扶持培养力度，营造良好的网络发展空间，推动视频行业的健康有序成长。

（二）严格自律，加强治理

针对目前视频行业存在的内容低俗、恶意投诉、抄袭侵权等问题，相关平台组织应当承担起必要的监管责任，当好内容的把关人，加强对视频创作者的管理；要聚焦经济社会发展，策划推出系列正能量主题视频作品，积极推动“互联网+”战略向纵深发展。

（三）体现特色，面向海外

目前，一些视频创作者正积极行动，将中国优秀传统文化融入视频创意文本，实现海外发展，收获大批粉丝。视频行业发展已经进入成熟期，差异化发展成为未来发展的重要模式，应瞄准这一方向，拓展海外市场。

结语

可以预见的是，未来的视频行业将与日常生活联系更加紧密，而视频也将成为主流的内容呈现形式。在视频行业发展的下半场，垂直细分领域更加清晰，这是互联网时代的新机遇。尽管发展道路上仍会面临诸多问题，但只要凝聚共识，加强合作，营造良好的网络发展空间，就能推动视频行业的健康有序发展。而哔哩哔哩通过聚焦青年群体，采取特色化的社群运营模式，成功“出圈”，已经成为视频行业发展的一大亮点。

（作者刘令远，哔哩哔哩公共事务主管）

“专家点评

哔哩哔哩：做一个负责任的视频平台

如今的传播已经进入视频时代，可以说是“无视频，不传播”。作为一种传播形式，视频无疑具有巨大的优势，比如接受门槛低，甚至可以说没有门槛。不管文化程度高或低，大家都看得懂视频，这与文字传播形成了鲜明对比。再比如，视频具有比较高的情感穿透力，借助画面、动作、声音等多媒体表达形式，视频更加能够把情感传递给受众。

事物都有两面性，视频传播也有“问题”的一面。比如，过多的娱乐消遣型内容占用并耗费受众大量的流量和时间，有些视频过于依赖“滥情”吸引受众，增加了网络上的非理性情绪。总之，在这个突然到来而形势又异常猛烈的视频时代，如何合理化地使用视频成为一个严峻的问题。

在这方面，哔哩哔哩作为国内最大的视频平台之一，提供了积极有益的经验。首先，教育类视频的开发和汇总，使哔哩哔哩汇集了大量高质量的视频资源，进而成为无数网友获取知识的一个重要平台。其次，哔哩哔哩有意识地通过网友的自媒体创作，在“讲好中国故事”的过程中扮演积极向上的角色。最后，哔哩哔哩在近年来的转型发展中，积极推动新技术的创新与应用，引领元宇宙产业链的融合发展，为整个社会的数字化转型提供了强大的力量。

（作者窦锋昌，复旦大学新闻学院教授、博士生导师）

09 健闻咨询

健闻咨询由医疗报道领域的前资深媒体人创立，目标是为中国医疗健康界提供专业可信的行业资讯，提供“看得懂的健康专业资讯”。2019年1月8日健闻咨询原公众号上线以来，已覆盖微信、微博、今日头条、腾讯新闻、百度百家等主流平台，全网用户超过80万。健闻咨询原公众号获得国家卫健委第四届健康中国微视频大赛十佳作品、腾讯新闻“杰出行业观察者”、腾讯新闻“TOP计划·月度优质账号”、今日头条平台优质账号等荣誉。2020年以来，健闻咨询原公众号以新冠疫情、医患冲突（如《杀人者孙文斌是谁》）、重大疾病、医疗产业等报道获得大量非医疗专业人士的广泛关注，“破圈”效果明显，凸显其内容的公共价值。

演讲实录

我们怎样做“看得懂的健康专业资讯”

非常感谢大会主办方的邀请。我谨代表健闻咨询感谢中国新闻史学会应用新闻传播学专业委员会和各位业界资深专家对我们的支持。2017年以来，中国新闻史学会应用新闻传播学专业委员会持续开展年度应用新闻传播创新案例的评选，既关注新闻内容的生产创新，也关注与新闻相关的技术、产品、分发等环节的传播创新，已经评选出一批代表中国应用新闻传播领域实践前沿的优秀案例。作为一个创立不到4年的内容品牌，健闻咨询能够入围，我们感到非常荣幸，同时也更坚定了对未来的信心。

关于健闻咨询在过去的实践，我想从我们的一句口号说起，就是“看得懂的健康专业资讯”，这句话就写在我们各个媒体平台账号的简介里。这里包含三层意思：首先我们关注的是医疗健康领域，其次是产出专业的深度内容，再次就是要让读者看得懂。

为什么要关注医疗健康领域？从大的方面讲，中国有14亿多人口，并且正在面临不断加速的老龄化趋势，不仅慢性病群体不断扩大，包括癌症在内的重大疾病发病率也在全球排名前列，全社会在医疗健康方面的需求非常庞大。中国目前是仅次于美国的全球第二大医疗市场，未来很可能超过美国而成为第一。与此同时，在国家大政方针的层面，人民健康被提升到空前的高度。为了解决“看病难、看病贵”的问题，我们国家的医改正在不断深入。近年来在“三医”领域发生的巨大变化，甚至已经“破圈”成为全社会关注的热点话题。比如每年一次的医保谈判、DRG（疾病诊断相关分组）/DIP（区域总数法总额预算和按病种分值付费）付费改革、医保异地结算、不断扩面的药品和器械耗材集中带量采购、公立医院高质量发展、以强基层为重点的分级诊疗服务体系建设、疾控体系改革、互联网医疗蓬勃发展等，这当中有无数故事值得我们深入挖掘。

当然，我们在进入这个领域的时候，已经有不少专业媒体在这个领域深耕多年，比如丁香园、医学界、赛柏蓝、医药经理人……我们如何做出自己的特色？我们的想法是跨界。从圈外看，医疗健康是一个垂直领域，但它可以细分为医疗、医保和医药三个板块，也就是所谓的“三医”，每个板块又是一个更垂直、更细分的领域，各有自己的一套运行逻辑。我刚刚提到的代表性媒体，其实都分别专注于其中之一，有的面向医务工作者群体，有的专注于医药行业。但“三医”是一个彼此关联、有机结合的整体，医疗机构是服务终端，医保是最大的医疗费用支付方，医药是产品流通——这一切，都与每个人的健康息息相关。因此，我们试图超越细分领域的视角，不代表某一方面的立场，而是站在社会公众的角度去做联动“三医”的报道。

换句话说，我们不仅密切关注医改进程和“三医”领域发生的重大事件，更致力于阐明它们如何影响到每个人的健康。比如，通过医保谈判，近几年来有一大批患者急需的新药被纳入了国家医保目录。但接下来又产生了新的问题：有的患者在医院却开不到这些药，药品为什么进了医保却进不了医院？我们近期就从患者角度做了一篇报道，挖掘医疗、医保和医药服务终端三者的衔接中究竟发生了什么问题。反过来，我们也在持续关注那些尚未得到满足的健康需求。比如，我们做了一系列关于罕见病群体、失能群体、养老困局的报道，试图为医疗健康服务的供给侧提供参考。其中，关于渐冻症患者——京东原副总裁蔡磊以一己之力推动渐冻症药物研发的故事，关于只有高中学历的徐伟为患有Menkes氏综合征的儿子自制药物的故事，都在行业内外引起了巨大反响。

“看得懂的健康专业资讯”的第二个层面，就是我们对内容专业性的追求。可能有的朋友知道，健闻咨询的创始团队都是老媒体人。尽管本公众号目前是一个完全依托微信订阅号、头条号、企鹅号、百家号等互联网平台进行内容传播的新媒体品牌，在内容风格上也努力求新求变，以适应互联网、社交媒体传播的特性。但万变不离其宗，我们的内容品控更趋近于传统媒体，或者说，仍然延续了追求专业性和严谨性的媒体传统。套用一句流行语，“高端的食材往往只需要最简单的烹饪方式”，我们的内容生产其实也没什么秘诀，就是努力抵达现场，与当事人面对面，去看、去听、去感受，然后扎扎实实写出有事实、有洞察力的故事。

另外，我想补充的是，医疗健康是一个专业门槛极高的领域，也唯有以严谨的态度产出专业的内容，才能获得业内人士的认可。因此，我们在组织架构和工作流程上，也仍然承袭了传统媒体的基因，建立了一个相对独立的采编部门，选题都经过编辑部深入讨论，稿件都有资深编辑在后台把关。同时，我们还搭建了一个涵盖“三医”各个领域的专家库，为内容生产的专业性提供保障。

有了一个专业“能打”的团队，我们不仅可以产出有深度的行业文章，在热点事件发生时也能快速反应，为读者提供更多增量信息。2019年底的民航总医院伤医案、2020年1月的朝阳医院伤医案，在当时都是引发全网关注的大事件。案件发生后，我们及时研判，派出同事到现场走访，并以团队作战形式提高效率，迅速推出具有核心事实增量的报道。特别是在民航总医院伤医案发生后，社交媒体上流传着许多关于行凶者身份的猜测，舆情汹涌。健闻咨询原公众号的报道《杀人者孙文斌是谁》率先披露了孙文斌的相关背景信息，极大缓解了社交媒体上的信息焦渴。也正是这些热点事件报道，给本公众号带来了“破圈”效应，可以让更多人通过我们来关注医疗卫生事业的发展。

我再分享一下在促进内容传播方面的探索，就是怎样做“看得懂”的健康专业资讯。医疗行业是一个专业门槛极高的行业，了解这个行业的运行需要医学、经济学、管理学、社会学甚至信息科技等方方面面的知识。我们如果致力于让更多人甚至一般公众来关心这个行业里与他们求医问药、身体健康密切相关的事件，“看得懂”就是必然要求。

比如，国家医保局正在大力推进的DRG支付方式改革。对于不少医疗行业人士来说，DRG是一个新鲜事物。健闻咨询原公众号从2019年创办以来就持续关注这个领域，做了一系列关于政策和实践的深度报道。为了让更多人了解DRG，我们还尝试用短视频去解释什么是DRG，以及它将对患者就医产生怎样的影响。

“看得懂”不仅是一种传播策略，也与我们“联动‘三医’”的定位密切相关。我们知道，越是专业细分领域，越是有一套独特的话语体系。

这套话语体系的形成既有专业学科的因素，也蕴含不同的利益逻辑。

“三医”领域也是如此。对医保来说，确保基金平稳运行、资金效用最大化是第一要务，因此有了“灵魂砍价”，有了支付方式改革。对医药行业而言，特别是创新药企，药价过低会影响投入创新研发的积极性。对医疗机构而言，要在医保控费和充分满足患者需求之间达到平衡，也是一大挑战。因此，我们对“看得懂”的追求，也包括一种超越细分领域各自为政的报道立场和跨界思考，从医生、院长、患者、企业家、监管者等多个角度介入，促进“三医”间的良性互动。

不得不说，我们选择了一条极为艰难的道路。但过去将近四年来的实践，让我们日渐坚定了在这条路上走下去的信念。在行业内外，我们已经获得一定的关注和认可。在多个互联网平台上，健闻咨询被纳入优质账号的行列，这说明专业深度内容在大众传播平台也有自己的市场。健闻咨询在各个媒体平台的账号，已经积累了超过80万用户，这当中既有“三医”领域的从业者、管理者、监管部门工作者，也有普通患者和其他关心医疗健康领域的人士。在此，我也要感谢他们对健闻咨询的关注与支持！未来，我们将继续努力，做好中国医疗健康事业的记录者。

（演讲者季敏华，健闻咨询联合创始人、主编）

案例分析

从碎片到深度：健康传播的内容逻辑与价值建构

健康类微信公众平台的传播特征

微信公众平台是进行媒体性活动的载体，主要功能是建立一对多的消息推送、品牌传播与分享。健康类微信公众平台则是其传播内容细分下的一个主题。风险社会下，社会健康素养的提升愈来愈重要，健康类微信公众账号得到蓬勃发展。本文通过清博大数据对健康类微信公众号进行检索，截取排名前十具有一定影响力的公众号，分析其传播特征。

（一）传播主体以企业组织和政府机构为主

传播介质移动化是当今健康传播最重要的特点。作为“强连接”社交媒体，微信公众号很好地发挥了健康信息传播的作用。具体来看，各传播主体大致可以分为企业组织、个人、政府机构、媒体组织等。与多数人印象不同的是，医疗机构和医学界人士并不是健康信息的主要传播者。互联网时代催生了大量健康咨询服务类企业。这些企业在提供诊疗服务的同时，也通过互联网提供健康信息传播服务。一般来说，从事医学内容研发的企业创建自己的公众号服务平台，形成自己的健康信息传播模式，在获得一定用户基础后，就能够对自己的企业进行广告宣传，也可以通过用户变现商业价值并获取收益。一定程度上，企业成为健康类公众号的传播主体，在健康知识科普、疾病诊疗等方面发挥着重要作用。

需要强调的是，在疫情扩散的时候，政府机构通过开设微信公众号来传达新冠疫情防控信息，也成为健康传播的主体之一。比如，“河南疾控”“浙江疾控”等政府公众号在新冠疫情期间承担重要的健康信息传播责任，以其权威性与公信力满足民众信息需求。

（二）传播受众兼顾普通受众与目标受众

在拉斯韦尔提出的“5W模式”中，受众作为传播关系的中心环节占据重要地位。以微信公众号为例，受众可以根据自己的需求与兴趣订阅微信公众号。健康类微信公众号面对的群体包括普通受众与目标受众两类。

普通受众往往对某一公众号的信息需求不足，黏性较弱，受外在条件或其他条件的影响而订阅该公众号，一般是被动接受公众号的推送信息。目标受众即是核心受众人群，是将公众细分后的更小群体。公众号在垂直细分后，内容定位聚焦于目标受众。这部分受众对健康类信息有自己的特定需求——关注某种疾病、养生、心理情感、医疗行业等，会在订阅的公众号中获取深度信息，从而成为该公众号的核心受众群体。

（三）传播内容以健康科普和疫情防控为主

我国健康传播起步较晚，早期研究局限在疾病诊疗以及健康运动的信息传播，健康类微信公众号的传播内容集中于健康知识科普层面。健康知识科普类所占比例较大，同质化严重，反映了移动互联网时代传播碎片化的特点，也反映了当前健康传播内容单一。其中，众所周知的“丁香医生”微信公众号在健康科普上也存在类似问题。2020年新冠疫情暴发以来，关于新闻政策解读的报道逐步增多，主要偏向于疫情信息的公布与疫情防控的治理，以通知公告为主，并不做深度报道。在这方面讲，本公众号深度报道很好地弥补了传统健康科普的缺失。

健闻咨询原公众号医疗健康深度报道的内容特征

自2018年注册以来，健闻咨询原公众号充分发挥了微信公众号在医疗健康领域的信息传播作用。围绕医疗行业动态、政策以及新冠疫情和疫苗，它先后推送了一系列专业、观点鲜明的深度报道，成为医疗健康类有影响的微信公众号之一。本公众号的报道主题聚焦于医疗健康行业，就其传播内容来说，具有较强的行业性与领域性。作为健康类的自媒体平台，它的深度报道具有独特性，从政策解读、行业变动到突发性公共卫生事件，其报道关注社会与受众需求，传播特征鲜明。

（一）勾连与串合，整合报道专题

学者孙少晶认为，中国的健康传播一定要聚焦现实问题，立足时代背景，将医疗健康发展问题聚焦报道，反映出中国社会的医疗健康问题。健闻咨询自开设以来，关于医疗健康行业政策的报道主要是医改洞察、民营互联网医疗、新冠疫情疫苗、中国医患关系等内容，这些专题归类式的深度报道能够形成良好的传播效果，也方便受众获取所需信息。

从目前的深度报道专题内容来看，健闻咨询在宏观上以医疗行业为对象做深度报道，微观上聚焦医患群体，两者交叉的空间就是通过一桩桩个案去洞察社会现实问题。这种全方位透视医疗行业历史、现状、未来的深度报道，也以医疗健康的变迁来呈现中国社会的变革。

（二）深耕与对话，对接政策变化

目前，媒体不再仅仅是发布健康信息的媒介，未来的方向是进一步发挥健康机构的作用。作为健闻咨询的重要传播形式，深度文章能够对医疗健康相关的行业热点和突发事件进行深入分析。医疗行业政策是健闻咨询关注的重点之一，通过对接政府和社会，能够将医疗行业政策变化深入浅出地传达给受众。健闻咨询关注的政策变化主要包括医疗保险、医药、医疗产业、DIP与DRG等方面。

推进医保改革是一个不断尝试与探索的过程。国家发布的政策对部分受众而言专业性太强，内容晦涩难懂。健闻咨询原公众号专注于领域内行业政策的解读，通过采访相关专家或举例阐释来解读政策发布的意义以及在推进中存在的难题。例如，在《专访国家医保局司长：两年追回338亿医保基金，基金监管部门是如何做到的？》一文中，健闻咨询原公众号对国家颁布的《医疗保障基金使用监督管理条例》进行梳理与解读，并对国家医保局基金监管司司长黄华波、规划财务和法规司副司长朱永峰进行专访，对该条例出台的意义以及需要解决的问题进行阐述。从深度报道中，可以窥见一项政策出台的意义及其带来的相关问题。相较于通知类报道，深度的政策解读才是普通民众所需要的。

（三）思辨与理性，深度报道热点

健闻咨询以原创作品与深度报道为主，在选题策划上以独特的视角进行采访报道。主编季敏华曾创办“财新健康点”，令健闻咨询从财新独立出来。在热点事件的报道上，健闻咨询及时关注并挖掘事件背后的深层意义，探寻受众需要的真实信息。

2019年底“民航总医院杀医事件”发生后，健闻咨询原公众号的深度报道《杀人者孙文斌是谁》引起社会热议，充分解答了受众困惑。该篇报道从分析事件背景到医疗运行机制，成功抓住受众的眼球。其报道并不局限于事件本身的热度，还关注到“冷”的一面，在拥有相对充足时间的基础上探寻事件背后的体制机制问题以及产生的深层影响。在热点事件的报道中，它凭借长久积累的敏感意识与知识储备发出自己的声音。

健闻咨询热点报道的价值建构

2021年9月28日上午8时，健闻咨询原公众号推出一篇《一个父亲的选择：铤而走险自制药，还是等着孩子死去》的医疗健康深度报道。截至当天下午5时左右，该文获得22.9万点赞、1.5万评论、7.9万转发量。次日，该篇文章产生的话题“他不是药神只是个父亲”登上微博热搜榜第一名，受到社会广泛关注。《一个父亲的选择：铤而走险自制药，还是等着孩子死去》这篇深度文章在多面透视社会问题时引发了受众的情感共鸣，获得热度。在后疫情时代，健康传播的重要性愈发凸显，医疗健康深度报道作为健康信息传播的形式之一，在风险社会中有其深刻的价值意义与现实关照。

（一）时代价值：国内研发环境与创新观念转变

从功能上看，深度报道发挥着整合新闻信息、呈现完整图景的作用。医疗健康深度报道在对新闻事件整合报道的同时，也记录了整个医疗行业的发展变革。例如，我们可以看到《一个父亲的选择：铤而走险自制药，还是等着孩子死去》这篇文章不仅诠释了罕见病群体的社会困境，而且让受众感受到社会观念的转变。文章提到，高中毕业的徐伟能够创新研制药品解救孩子，这是时代观念进步的一个体现。那个认为“创新只是专家学者的工作，普通社会个体只享受红利”的时代已经过去，“大众创新、万众创业”的崭新时代已经来临。正如徐伟在直播中所言，他之所以能够安心去做自己的药品研制，在于国家提供的稳定环境与技术设备。

（二）科学价值：医疗健康的深度传播与认知

健康传播在后疫情时代扮演的角色愈发重要，医疗健康深度报道也成为当下健康传播的一大利器。舆情事件的热议、官方舆论场与民间舆论场的碰撞、虚假谣言、断章取义的报道充斥着互联网，医疗健康深度报道的必要性更加突出。如《一个父亲的选择：铤而走险自制药，还是等着孩子死去》的报道，让专家学者与大众都关注到这样一个罕见病群体，认识到什么是Menkes氏综合征，关注到少数群体的困境，在不断增加对健康知识了解的基础上提升民众的健康素养。“整合型媒体理论”提倡在新闻价值取向上实现社会效果最大化。医疗健康深度报道需要独到的见解与高度的预见性，本质上是对医疗健康问题的深度剖析，试图通过报道来建立受众的健康认知，同时也记录医疗的现实发展，并不局限在简单的健康信息整合上。

（三）社会价值：回应社会问题与准则构建

深度文章需要将多类材料进行整合，将新闻事实置于社会现实和背景下去考察其意义和影响。以新冠疫情为例，深度文章担任起此次突发公共事件传播中的预警者、沟通者、动员者、监督者、反思者等，有效地服务了国家与社会。健闻咨询这类深度文章对于社会的影响力也是不可忽视的。媒介传播具有社会属性，在传递健康知识的同时展现最真实的医疗问题，在不断发现问题中解决问题，从而推动医疗行业不断走向完善。一方面，它使受众建立了对罕见病的认知，关注到社会少数群体的困境，也推动了医疗行业将罕见病纳入医保的进程，试图解决天价药与无药可用所带来的问题，为这类群体提供有益的帮助。另一方面，它唤起传统美德，营造和谐的社会氛围。无论在新冠疫情还是罕见病群体事件中，都反映着中国人的仁爱之心，以及“一方有难，八方支援”的善意。其构建和谐社会秩序与准则的作用不可忽视。

（四）资本价值：文化资本转向经济资本

“文化资本”是法国社会学家布尔迪厄提出的概念，文化资本在某些条件下能够转换成经济资本。文化资本主要有三种表现形式，分别是具体的形式、客观的形式以及体制的形式。新闻媒体在行使大众赋予的权力时，要求大众传媒具有公益性，但媒体发展仍需要经济资本的支持。传统媒体主要以广告为收益，新媒体时代媒体变现的方式更加多样。文化商品既可以呈现物质性的一面，又可以呈现象征性的一面。而新闻报道作为一种文化呈现形式，可以是一种文化资本，文化资本的变现很大程度上依赖文化资本的持续积累。

相较于健康科普报道，医疗深度文章更加注重内容的深耕，注重现实与意义的把握。健闻咨询原公众号凭借一篇深度文章《杀人者孙文斌是谁》闯入大众视野，收获一批关注与用户；随后，又以《一个父亲的选择：铤而走险自制药，还是等着孩子死去》登上微博热搜榜第一名，引发广泛关注与热议。当月，健闻咨询原公众号跻身健康类公众号排行榜前十名。据其负责人所言，当天有各种专家前来咨询，更有影视公司来洽谈将该事件拍成电影，这对本公众号来说也是一种知名度的提升。布尔迪厄认为，文化资本是可以获取利润的，即文化资本可以转化为经济资本。因此，传媒工作者需要用优质的深度报道内容来积累文化资本，进而吸引真正的经济资本。

结语

新冠疫情全球范围内的大流行，深刻影响了人类文明的发展进程。公共卫生事件的暴发凸显了国家治理的重要性，将健康传播的研究与实践推至台前。后疫情时代，民众对健康话题更加关切。信息互联的情境下，大众更加依赖网络获取资讯，这就要求媒体坚持新闻专业素养，积极承担信息传播的主体责任。

考虑到健康传播具有专业性与时代性，做好健康传播不应止步于健康信息的科普，更需要坚持以人为本，推动健康传播的跨学科发展。当前，健康传播的形式日益多样化，包含文字、视频、图说、数说等。医疗健康深度报道在传达健康信息过程中更具有深度与前瞻性，对当前信息传播中的碎片问题起到了有益的补充。在后疫情时代，深度报道在健康传播方面需要从宏观视域出发，关注当前中国的现实，满足社会和民众的信息需求，助力全球健康治理。

（作者史洪智，河南大学新闻与传播学院副教授；陈思，河南大学新闻传播学院硕士研究生）

专家点评

跨界视角与专业深度：健闻咨询的应用新闻传播创新探索

在充满竞争的医疗健康资讯领域，健闻咨询的跨界视角、专业深度、传播策略和社会责任感相互交织，为公众提供了丰富多元的医疗健康资讯。这种创新思路充分体现了在当今媒介业态下对多维度资讯的追求。

健闻咨询成功地打破了传统的细分领域界限，将医疗、医保和医药三个板块有机结合，站在社会公众的角度，呈现出一种全新、跨界的报道。它不仅关注医改进程和“三医”领域的重大事件，还着力阐明这些事件如何影响每个人的健康。通过深入挖掘健康领域利益相关者之间的关系，它将行业内的专业知识和公众的健康需求相结合，为读者提供全面而深入的报道。在组织架构和工作流程上，健闻咨询建立了相对独立的采编部门，并与专家库紧密合作，提升内容生产的专业性。健闻咨询综合运用短视频、直播等新媒体手段，以易懂的方式传递专业资讯，这种“看得懂”的策略不仅符合现代社交媒体的传播特点，也体现了它在传播模式上的创新。同时，健闻咨询积极跟进热点事件，在民航总医院伤医案等突发事件中，关注事件背后的社会问题，展现出垂直类公众号的公益性，在紧要关头起到了舆论引导和风险防范的作用。不过，由于垂直类公众号关注医改等重大社会议题，如果掌握不好原创资讯与新闻报道之间的边界，把握不好行业问题的深度剖析与理性建设性立场的表达，就会遭遇内容运营的风险和可持续发展的严峻考验。

（作者侯迎忠，广东外语外贸大学新闻与传播学院院长、教授）

10

“正面连接”微信公众号

2021年9月，专注非虚构和特稿写作、以“面对复杂”为信条的“正面连接”微信公众号上线，之后便持续产出深度内容。衡水中学、抑郁症、高空作业工人……在原创已经弥足珍贵的年代，他们除了追求传统意义上的信息增量，还在试图拓宽理解增量的边界。创始人曾鸣在不同场合提到：“不是汇入一个已有的响亮的声音，而是听那些不能发声的人表达他们的声音。”从“正面故事”到“正面连接”，不变的是对优质内容的坚守，追求呈现复杂世界中“人们视而不见的重要部分”以及“理解的增量。

演讲实录

呈现复杂，就是我们想要做到的事情

非常感谢委员会的肯定。前几天，志安告诉了我入选的信息。说起来，我和志安就只见过一面，上一次还是11年前。2011年，志安在做一个有关记者人数的调查，全国一共有334个调查记者，正好我国地级市一共有334个，平摊下来每个地级市有1个。5年前，志安又做了一次记者的调查，好像只剩下100多个（调查记者）了，不知道之后他有没有再做过类似的调查。

我一直在做报道，2011年是在《南方周末》，2014年后去了《新京报》，后来在《智族GQ》当主编。在这期间，我做过调查报道，也做过特稿和非虚构类报道，算是没有离开过。2021年，我们上线了“正面连接”。

“正面连接”微信公众号（以下简称“正面连接”）的内容主要包含以下几个部分：

第一类，是带有传统调查报道色彩的内容，2022年几件重大事件，比如俄乌冲突、东航坠机、上海疫情，我们都有各种角度的参与和报道。以俄乌冲突为例，我们找到乌克兰的几家动物园，做了一份乌克兰的动物园中动物死亡名单，通过动物的死亡来呈现战争中人的处境。

再比如东航坠机，即3·21东航客机事故，当时正好有一个争议和讨论，就是媒体应不应该采访空难家属，这算是打扰还是关心？为此，我们在第一时间联系到了马航的家属。作为过来人，他们肯定是有发言权的，也清楚身处同一处境的东航家属需要什么样的建议和帮助。

还有上海疫情，我们统计了上海51户独居老人的情况。这个调查是我们通过打电话、发私信的方式一个个问出来的，这51户独居老人分布在上海的6个行政区和11个居民区。在其中4个居民区，我们锁定一栋楼或一个弄堂，挨家挨户、没有遗漏地做完了统计，呈现了他们在疫情中的现状、困难和需求。

第二类，更偏向特稿和非虚构报道，主要呈现日常生活中人们视而不见的那部分，如我们的一篇报道《和衡水中学在一起的2557天》。关于衡水中学的报道已经很多，不一样的是，这一篇写出了衡水中学的气味和声音。我记得第一次见到作者杜萌时，她提到她高中时常常逃课，但并不是为了玩，而是去另外找地方自习，因为教室实在太臭，大家都不洗澡，越是优秀的班级，学生就越没时间洗澡。她还说到，她听过无数遍汪峰的《怒放的生命》。这首歌一共4分35秒，是他们学校起床时播放的歌曲，但她只能在脑海中精准回放第一秒到第三分钟的部分，因为她从来没有完整地听完这首歌——如果副歌“我想要怒放的生命”响起时她还在宿舍的话，就意味着跑操迟到。这种情况太普遍了，只是衡水中学的案例比较极端。所以，抽离出来，以一种陌生的视角看待这段日常，呈现人是怎么从人到流水线式的异化，这是我们多做的那点事情。

再比如《40%：“毫不重要”的中职世界》这篇文章。我国15—18岁的青少年中，有40%的人都去了中职，近15年的入学人数超过1亿。但在生活中，在媒体上，我们很少听到他们的声音。不仅外界觉得他们不大重要，他们自己也觉得自己不重要，就像他们的口头禅：我就是个垃圾。于是，我们在广东顺德找到了10多位中职学生，花了2个多月去了解他们的处境和想法。在这些学生背后，是我国职业教育资源短缺和分配不平衡的问题，也有产业结构以及就业结构的问题。

还有《最好的中学，最后的改革》。我们通过一个老师的视角呈现了北大附中在王铮主持下的改革。我们不是从大处去总结改革的得失，而是从细微之处，从一个基层老师的体验和经历，告诉读者改革在课堂上是什么样的。

再比如，《成为女性主义者，有什么用？》。女性或者女权主义在当下是很容易引起争议的，但大部分讨论都停留在理论和空谈的阶段。我们找到了一个作者，她不仅学女性主义，还翻译了法国女性作家波伏瓦的作品，还在大学里开选修课教“女性主义和亲密关系”。她还把女性主义的一些尝试带到了自己的婚姻生活里，比如她和丈夫拟定了一万字的婚前协议；再比如她工作，她丈夫当全职爸爸等。不过，这种实践遇到了很多挫折，这就是事情的复杂所在。

除了这些，我们还有许多其他报道，比如写上海迪士尼的玲娜贝儿，这个玩偶角色里的工作人员是怎么工作的；比如写“我的抑郁症男友”，讨论抑郁症是不是一个可以靠爱情打败的疾病；还有写假装上班，我们找到了一个假装上班三年的女孩，看看她这些年是怎么过来的，探讨“躺平”是不是无忧无虑。

刚刚我花了很多时间和篇幅来介绍我们的内容，那么该怎么定义这些内容呢？它们是调查报道还是特稿、非虚构？似乎以上都有一些特征，又都不是。按照我的经验，我们得先找到一个好的问题，在这个基础上，先运用调查报道中的突破与核实，再运用特稿、非虚构写作中的文本去呈现稿件。

只有一点是我们不做的，那就是行业报道。如果一篇稿件，从教育出发，最后只落到教育上，从亲密关系出发，最后只落到亲密关系上，这是不够的。每一篇稿件都要力争呈现这个故事背后更广阔的世界：在树木以外，还要见到森林；在森林之外，还要呈现这片土壤。

用《南方周末》的话来说，就是“在这里，读懂中国”。用《智族GQ》的话来说，就是“记录人物的浮沉和时代价值的变迁”。这两家媒体都是我工作过的地方，这两句话都是我过去工作的经验和总结。

但在两年前，我看到了陈嘉映的另一段话，我觉得更为贴切——“这一百多年来，中国人的传统生活方式瓦解了，新的生活方式似乎还未成形。谁能从这么一种混乱不成型的生活中看出一种型式，那就有伟大的作品出土了。一个时代随着伟大的作品而获得自己鲜明的形象。”这段话虽然是25年前说的，但我认为它毫不过时。呈现复杂，就是我们想要努力做到的事情。

（演讲者曾鸣，自媒体公众号“正面连接”创始人）

案例分析

"正面连接"创办人曾鸣：想再试一次

毕业后的十五年里，曾鸣一直在媒体行业中工作，撰写的稿件至今常看常新。其他同行认为他其实不必再折腾——不创办"正面连接"，他没有损失。不过他从来不认为自己是在"坚持"，四年前，GQ报道上线，他在转发时写道："阅读量不重要，活下去很重要。有位前辈说，传统媒体积重难返，我完全赞成，但我并不是要带队重返旧世界，而是要走下去。'上船'不是简单地把一个公众号做火爆，而是试着在任何时代，都做出让人读得下去的有价值、有尊严的内容。"

现在，他有了更完整的自主权，想以更多的心力，"达到未来的标准"。以下，是与"正面连接"创办人曾鸣的对话：

再造一个乌托邦

问：创办"正面连接"的想法是在什么时候形成的？

曾鸣：最早是在2016年。当时一个作者问到，为什么我们不能有一个专门办报道的微信公众号？她的想法很简单——很多读者只想看报道，不想看别的。

2018年担任主编后，我慢慢意识到，整个报道组的水平还不够。不是对大家的作品不满，而是离我们想要达到的理想标准还很远。但即使在当时中国最好的环境下，这种标准的要求也不一定能够满足。

再后来，机构的环境也发生了变化。我跟许多编辑都聊过这件事，其中一位编辑说："曾老师，我以前觉得这里就像乌托邦一样，但是现在它就要不存在了。"我就在想，有没有可能再做一个乌托邦？

问：“正面连接”这个名字是怎么起的？

曾鸣：名字太难取了。首先是想名词，动物的名词已经想过一遍，植物的名词也是，形容词也被想过一遍。有段时间我看任何东西，例如坐车看到路边标牌，都在想这个名字合不合适。

有一天，我跟朋友在朝阳大悦城吃重庆小面，突然想到“正面”。我觉得这个词还可以。后来就把公司注册成“正面”，结果发现有个微信公众号叫“正面”，我就联系了号主，问能不能把这个号买下来。我提价600元，他说不考虑，没有100万元就不考虑。我说1000元可以吗？他说这个号就贵在名字上。我再说5000元，他说不行。当年的8月23日，我们必须把名字定下来，因为要上线了，公众号的名字审核要7个工作日。我又给“正面”的号主打电话。我问，1万元行不行，但是他咬死100万元，说这是不可能的事情。后来，洪蔚琳想出“正在连接”，寓意公众号和读者之间的连接，也是建立人与人之间的连接。一位朋友觉得可以把两个名字结合，叫“正面连接”，把正面从形容词变成副词，大家一致赞成。

问：筹备的过程是怎么样的？

曾鸣：一个是找钱，另一个是找人。找人相对来说比较容易，因为当时很多人都想继续做这个事情。但找钱持续了很久，最后是我的一个前实习生帮了忙。她知道我们需要找投资，又正好在跑投资这条线，就向投资人推荐了我们的项目，她其实也就问了一个，后来就成了。

从2020年2月开始，我们已经找了半年，问了一家、两家、三家、四家、五家都不行，大家的理由都很相似，你就知道这个事情成功率很低。但我的想法很简单，这个事情只要还有可能就要坚持。其实做很多稿子也是一样，一开始觉得只有1%的可能，做到最后还是做出来了。

问：投资人对你们有什么要求？

曾鸣：没有什么要求。其实直到签合同之前，我都没有见过投资人。投资人最开始提到不用太着急，一开始能有两三万的阅读量就不错了，前两年没有任何收入也可以。

问：那几乎是没有任何要求，这听起来有点难以置信。

曾鸣：因为我们给出的成绩远远超出他们的要求，不论是我们的数据还是我们的经营。我在接触了很多投资机构后，很反感对方一开始就提出达到什么目标、如何实现收支平衡。这种心态不对，但这并不意味着我们对自己的要求就放得很低，因为一个人做事情要自立，不能什么事情都等对方的支持。这是最基本的尊严，对不对？不要老是想着别人来支持，别人的事情很多时候是说不准的，他今天说可以，明天也许就说不可以了，他也有他的难处。

问： 上线的时间是一直推迟的吗？

曾鸣： 最早定的是2021年6月，但一直拖到2021年9月才上线，中间推迟过好几次，大家比我都着急。但我觉得，如果手上没有三四篇稿子，还是没有什么把握上线。这就像曾国藩第一次出征前，临出行了，他还一直在练兵。要做一个事情，就得谋定而后动，不能打没有把握的仗。我想的是，一定要一上来就告诉大家，“正面连接”做的是什么。

问： 在作者招募上有什么要求？

曾鸣： 没有一定的标准。因为我们所谓的标准也不是现有的标准，而是未来的标准，我们自己也没有完全搞清楚。如果非要说“标准”，我们的第一个原则是要有自己的题目，这个题目可能是单向的，可能是你对某一选题有敏感度，也可能是你从小就关心的题目，但到底是不是合适的题目、是否可操作，我们得在讨论中去甄别。还有一个原则是要有好奇心，这既是一种天赋、一种人格，也是一种技能。你会因为好奇心而不停往下挖掘，甚至形成自己的知识体系、看待世界的框架，以及你搜索信息的能力、解决问题的能力，乃至你的意志力。就像认识一个人然后加微信继续聊天一样。如果要聊一个话题，我不会只花五分钟到半小时简单地聊，而是会深入地探讨。

所以，我们通常不会说他必须是那个人，我们很多共事的人都是偶然认识的。我也不觉得这个行业只有1%或者0.1%的人能做，实际上很多人都能做这个事情。我觉得，这是对人最基本的赞许和期待，如果没有这种对人的期待，写作就会变得没有意义，换句话说，这就是写作的意义。

一起摸索未来的标准

问： 外界普遍认为“正面连接”很支持用个人经历作为书写素材，鼓励作者去写自己想写的东西，你们是怎么看待这件事情的？

曾鸣：这么看就把事情简单化了。一方面，从结果上看，我们确实支持了很多人去做个体经历的稿子。但从另一方面看，我们大概写了10倍于此的选题，有些个人经历是没有被通过的。书写个人经历成为我们的一个特点甚至标签了吗？不是的。重要的是，它仍然是一个好选题，只不过正巧发生在作者自己身上——选题成立首先是因为这个事情很重要，比如说衡水中学很重要，北大附中很重要，抑郁症很重要，而不是“我”很重要。

问：选题会时常有争论，但大家都知道这是对稿不对人的。这样的氛围是怎么形成的？

曾鸣：如果每次选题会、每篇稿件都聊很长的时间，第一篇聊很长，第二篇聊很长，第三篇聊很长，大家自然而然就会知道你不是在针对一个人，因为你对每个人都是这样的，这是基础。如果稿件不聊很长的时间，那聊什么呢？不是说我们不讨论人，我们有时候也在讨论人，但是我觉得更多的是一种彼此的理解和共情，是对于每个人的风格和特点的包容，你要思考怎么激发他在自己的风格和语言下把每一个意思表达出来。

问：在编辑和作者的关系上，“正面连接”好像不是编辑中心制，也不是作者中心制，你们内部有明确的定义吗？

曾鸣：没有。这个问题得看稿子，因为稿子和稿子不一样，人和人也不一样。到底是以编辑为中心，还是以记者为中心？我认为，肯定还是要以编辑为中心的，但是编辑作为中心的功能是什么？我们认为编辑的功能不是在后期文字上的修改，而是从整个选题的阶段更多地启发作者加深对选题的理解，使作者在接受采访过程中提供更有用的信息，以及在材料的取舍、应用以及展现上发挥作用。如果说作者可以独立完成这些工作，那还是尊重作者的风格和想法；如果作者有困难，那编辑就会提供作者需要的帮助。

很多东西不是“正面连接”特有的。有的是偶然，有的是需要，比如隔两三天就打两三个小时的电话。我们需要按更高的标准去做，但作者还没到这个水平，所以需要作者和编辑有更好的配合。

问：如何督促作者把采访做到极致？

曾鸣：采访也是为了表达服务。我不太喜欢“把采访做到极致”的表述，这听上去像一个广告。我们得搞清楚为什么要采访，采访是为了让作者对这件事有更准确的了解和理解。首先是了解，其次才是理解。经过不断采访，我们的信息增量够不够、理解的增量够不够？不够的话，只能接着做功课，再去采访，再去看材料。并不是说其他人都花一个礼拜做一件事情，我们花两个礼拜才做完，这样就很酷，其实我们也恨不得早点完成。像写玲娜贝儿那篇文章一两个星期就做完了，但有些稿件真的没办法。

问：你们会怎么培养作者？

曾鸣：其实说“培养”有点不太准确。培养是单向的——我们已经有了一套标准，再去培养他们，这么说会有点傲慢。准确地说，应该是我们一起去变成那个样子。在这一过程中，我们一起去摸索标准，也会慢慢去梳理我们自己的标准，比如事实的准确、语境的准确、情绪的准确。我们也不是先有了一套口诀再去揣摩它，而是在具体实践中，意识到了光有事实的准确是不够的，还要有情绪的准确。

这是未来的标准，很多东西也是不明确、不确定的。不是说所有事情我一个人说了算，而是大家都参与讨论。“培养”也是招一个人，再招一个人，让每个人都能写出更好的稿子，在这一过程中，大家都会有成长。你去做一件困难的事情，问题会不断挑战你，你要拿出精力和时间应对挑战，能力自然就提高了。我们的时间不是花在别的地方上，而是花在实现标准这件事上。

问：作者会有KPI或阅读量这样的数据指标吗？

曾鸣：关于KPI的设置，我们也考虑过，大家讨论过定在什么数目上比较合理，但现在还没有严格实行。如果KPI影响到了大家工作的基本原则，那就得不偿失了。说实话，每篇稿件的平均成本是20多万元，无论对哪一个品牌来说都是有压力的。

关于阅读量，说实在的，我并不在意阅读量，因为阅读量并不能够完全呈现一个机构的水平。虽然都说数据不会说谎，但是数据不能告诉你所有事情。得到一个受尊重的阅读量和受鄙夷的阅读量，它都是“1”。这个“1”是没有差别的，但同时也有不一样的地方：读者看完后是骂骂咧咧退出去，还是特别喜欢，甚至开始反省自己，这两者是不一样的。你是仅仅完成了工作要求的稿件，还是完成把行业的标准又往上抬高一寸的作品，这又是不一样的。

问：有没有担心人才会流失？

曾鸣：这事你没办法用狭隘的方式去思考，培养的人一辈子都留在这里是不可能的。我在上一家机构的时候，一直希望大家都过得很好。为什么？如果你成为唯一的一家，就像地球上只剩最后一个物种一样，是很绝望的，连个朋友都没有，也没有繁衍的可能。即使这个人去了别的机构，他也在新闻行业，即使不在这一行业，他也还在社会上。

问：据我们所了解，“正面连接”实行定薪制，这是什么原因？

曾鸣：这其实是管理的问题。以前每个人每个月都要写几篇，写多了就有更多的钱，这会很有效率，但这其实是管理上的偷懒，因为这样的标准省了很多事。

美国社会学家欧文·戈夫曼曾经说，如果同时根据速度和质量的标准来对服务活动进行评判，那么质量就会让位于速度，因为服务质量是可以掩饰的，而动作慢吞吞的速度问题却显而易见。如果你在工作里强调数量，那么大家就会在隐性的事情上懒惰一点，甚至去应付。在一个真正有追求的机构，应该是我们看上去都在追求一些名义上的事，但是我们都很清楚我们都有真正要去做的事情。这不需要你去强调，就会成为大家真正的内在驱动力。

问：为什么在写完《失败者李晓峰》之后，没有再去写一篇更优秀的报道？

曾鸣：可能每个人都认为，你一旦写出一篇非常优秀的报道，就一定要再写出一篇更优秀的报道，但这并不是顺理成章的事。类似的问题，我也问过曹筠武：“为什么写完《系统》之后，没有写出更优秀的报道？”曹筠武说：“那些该打的仗已经打过了。”

创业后什么事情都得自己做，这是要有心理准备的。但做了之后，你才知道那些事情有多么琐碎，甚至非常可笑。比如之前公司地址注册需要续费，外包机构的不靠谱，那哥们卷钱跑路了。我得一遍遍地打电话，催促他们交钱，直到我说要报警，他们隔天才把钱缴上。这笔钱不多，换作以前我肯定不管了，但现在我得对公司负责。

我们为什么写得好？因为依赖着理想化的环境，但环境不是天然这样的。我要有个基本的觉悟：我不再是一个大刊物的主编，很轻松，什么事情都不用想，坐在那里就有人帮你订机票，去参加活动也是最好的位置。这些事情都没有了。大家可能并不理解这一工作有多么烦琐、费劲。这种理解并不完全是双向的，并不是每个人都知道我的工作，当然他们也不应该去操这份心。

问：现在绝大多数的自媒体都想着赚快钱，感觉"正面连接"很叛逆。您是如何看待的？

曾鸣：因为我们不赚快钱。也不是说我们不会。要说这有多复杂、技巧有多难的话，也不是。哪怕在我更年轻的时候，我都说自己从来就知道所谓"正确"的道路在哪里，不是我不会走那些路，而是我不愿意。

问：您一直坚持在做媒体行业，身边也有很多朋友转行的，您有考虑过吗？

曾鸣：这不是坚持。你听我聊以前在《南方周末》的事情，我聊得多开心，这是在坚持吗？如果时间可以停留在那些时刻，我觉得对我一生来说都是非常愉快的。这听上去有点胸无大志，但是我真的是这样想的。我也不用想很多事情，很快乐，现在同样是的。我虽然没有去大公司上过班，但我能够想象，我闻过那些气味，那才是一种需要坚持的事情。

问：选择创办"正面连接"更多考虑的是团队因素还是个人因素？

曾鸣：它不是必然和唯一的。如果有平行世界，我相信在1万种可能里，我有9000多种可能不再在现在这样的轨道上。

我并不是一个热衷于管理的人。一直到2015年，我都只是一个主笔。我开始做编辑，是因为前副主编张伟去了《新世相》，没有人负责整个报道组，我就去做了。也并不是我想做主编，王锋走了，没有人做主编，我才去做了主编。

离开后，大家觉得我们可能需要其他平台来做这些事情，我就做了一个平台。有时候，我觉得我没有那么重要，但希望能够尽到我的责任，有时候是对他人的责任，或者说对这个行业的责任。如果实在做不下去，遇到不可抗力，想了所有办法都不行，那就是另外一回事。如果我还没有把我能想到的办法都用尽，还没有尽我所能，我就不去做，可能会觉得不太好交代。

每个人的标准不一样，我不是说这是个统一的标准。仅仅对我自己而言，我不是那种喜欢在一场比赛还没有打完就说算了的人，就算到“泉水”（MOBA类游戏里一方的大本营），我也还要再试一次。

（作者施嘉翔，湖南师范大学新闻与传播学院学生；张馨尹，浙江传媒学院电影学院学生）

“ 专家点评

颜色、真实与声音：与时代的“正面连接”

当所有人都在谈论元宇宙、Chat GPT（OpenAI发布的聊天机器人模型）、人工智能与算法时，技术赋能似乎能满足人所有的欲求和愿望，插上人工智能与算法推荐翅膀的社交媒体也貌似能够完成人类生活的“起居注”（中国古代记录帝王的言行录），能够检视与记录一切。然而，作为新锐媒体的“正面连接”在技术之外带来了一些不一样的东西，为时代做了别样的注脚。

“正面连接”成立于2021年9月1日，其新锐与耀眼正在于其不同凡俗的内容与对内容挑选的“人工”（手工而非机器智能）。细细品读“正面连接”的一篇篇推文，脑海中跃出的是“颜色”“真实”与“声音”三个词。

大众日常所见是经由社交媒体智能推荐或大众媒体议程设置的事件、问题与现象，“正面连接”的一个特点是在这些曝光的主色之外很用心地拣选一些人们不常见或熟视无睹的事、像，并补上打光，以呈现其不一样的颜色，尽管有些事、像，因为长期欠曝光而呈现些许“中灰色”，如《和衡水在一起的2557天》《两个世界：父亲与自杀的少年》《假装上班这三年》等。

“正面连接”的另一个特点是真实。“正面连接”的叙事形式显得有些“四不像”，既没有纯客观深度调查报道的严格形式规范，因为其文章人物的情感和情绪流露无遗；也不是人物独白式的喃喃自语，因为其有着近似拿着显微镜寻找的片段与细节。可以看出，在“正面连接”的内容与叙事里，形式不重要，重要的只有真实。情感为表现真实，细节同样如此。“正面连接”创始人曾鸣在不同场合提到：“不是汇入一个已有的响亮的声音，而是听那些不能发声的人表达他们的声音。”这也许是“正面连接”的最大价值所在，希望“正面连接”能秉持恒心，多关注这个复杂社会的不同棱面，关注那些不能发声的人和事，用带有冷峻的温暖记录昨日的世界。

（作者余秀才，中南财经政法大学新闻与文化传播学院副院长、教授）